自重筋トレ超回発法

G-MASS
CALISTHENICS MASS
HOW TO MAXIMIZE MUSCLE GROWTH
USING BODYWEIGHT ONLY TRAINING

山田崇之

プリズナートレーニング外伝
監獄式ボディビルディング

C-MASS

Copyright©2014 Paul "Coach" Wade
Published by Dragon Door Publications
Little Canada, MN55164, USA
www.dragondoor.com
Japanese translation rights arranged with Dragon Door Publications, Inc., Minnesota
through Tuttle-Mori Agency, Inc., Tokyo

CONTENTS
もくじ

はじめに ——— 8

PART 1
バーベルなしで筋肉をつくる？ノープロブレム！ 11

自重力アスリートが、強さに見合った筋量を得られないのはなぜか？ ——— 13

PART 2
監獄ボディビルダーになるための十戒 17

十戒の1	慈しむようにやる1レップをどこまでも増やせ！ ——— 17
十戒の2	未知の領域に突入せよ！ ——— 20
十戒の3	選ぶのは、シンプルな複合エクササイズだ！ ——— 21
十戒の4	セット数を増やすな！ ——— 23
十戒の5	わずかな進歩を記録せよ！ ——— 25
十戒の6	休息が筋成長を促す。とにかく、休め！ ——— 27
十戒の7	"きれいなもの"ばかり食べようとするな！ ——— 30
十戒の8	もっと眠れ！ ——— 33
十戒の9	心にもトレーニングを！ ——— 36
十戒の10	筋力をつけろ！ ——— 37

PART 3
"コーチ"ウェイドの自重力ボディビルディング戦略 41

ゴジラ並みの大腿四頭筋をつくる ——— 41
ハムストリングス：爆裂マシンを開発する ——— 45
上腕二頭筋をソフトボール大にする ——— 48

巨神族のような上腕三頭筋を	50
農民の前腕を取り戻せ	53
そこは〝腹筋〟じゃないぜ。〝ミッドセクション〟だ	54
胸筋を増築する	58
パワフルで健康的な肩をつくる	63
背中をくまなく成長させる	67
ふくらはぎを実らせろ	72
ブルートのような首と僧帽筋を	75

PART 4
OK、やり方はわかった 次はプログラムを　78

プログラミング・ライン：シンプルなものから複雑なものまで	79
シンプルさが複雑さを打ち負かす！	81
いつプログラミング・ラインを上げるか？	82
プログラムテンプレート	85

PART 5
トラブルシューティング 筋肉を成長させるためのFAQ　95

PART 6
筋力を究める道を行く
体重を増やさずに強くなるための十戒　111

十戒の1	レップを少なく！	113
十戒の2	ヘブの法則を利用する──同じ動作を繰り返せ！	114

十戒の3	筋肉を相乗的に使え！	117
十戒の4	身を引き締めろ！	119
十戒の5	〝呼吸〟を手に入れろ！	120
十戒の6	腱を鍛えろ！	123
十戒の7	弱い領域をまず攻めろ！	126
十戒の8	ギアを少しずつ上げていくことで、最大パワーを解放せよ！	128
十戒の9	運動神経系をハックせよ！（ときには、素早く動くトレーニングを）	130
十戒の10	心の力をマスターせよ！	132

PART 7
テストステロンをチャージしろ 137

ホルモンと筋成長 ——————————————— 137
テストステロンを増やすための6ルール ————————— 139

ルール1	ハードにトレーニングする	140
ルール2	長く深い眠りを	141
ルール3	太りすぎない	141
ルール4	コレステロールを摂る	142
ルール5	ストレートエッジを歩け	143
ルール6	ステロイドを使うな	143

現代のテストステロン神話 ————————————— 146

消灯！ ——————————————————— 150

謝辞 ———————————————————— 152
エクササイズリスト〈特別付録〉 ————————————— 154

※本文中に（1）～（116）、およびAと記したエクササイズについては、〈特別付録〉のエクササイズリストにて説明をしています。ご参照下さい。

おことわり
この本では、トレーニングを安全に行うことの大切さと、そのために必要な技術を伝えるために、あらゆる努力を払っている。トレーニー（トレーニングする人）の体は、各々異なっている。求めるものもさまざまだ。細心の注意を払い、自己責任のもとにトレーニングを進めてほしい。どんなトレーニングプログラムであろうと、それを始める前に、医師に相談するよう、あらゆる医療専門家がアドバイスしている。なによりも安全第一に！

『圧倒的な強さを手に入れる究極の自重筋トレ プリズナートレーニング』より一部抜粋

はじめに

こ の本は、プログレッシブキャリステニクス認定ワークショップ（Progressive Calisthenics Certification）ブログに掲載した2部構成の記事を元に生まれたものだ。その時の記事のタイトルは「キャリステニクスを使って筋肉をつけるための十戒」── だ。

質問やコメントが書かれた何百ものEメールが来た。それらに目を通すと、このテーマがアスリートたちの脳神経を叩いていることがわかった。キャリステニクスを使って筋肉をつける ── それは、昔から大きなテーマであり続けてきた。そこに、質問、新しいアイデア、意見が集まってきている。つまり、ブログに載せた記事以上のものをつくり出す必要があった。

わたしが、この本 —— C-MASSを書く衝動に駆られたのはそのためだ。テーマにかかわる過去からの情報を集め、編集を重ね、そこに、明快さと資料性を加えていった。自重ボディビルディングの真髄、プログラムのつくり方、部位別トレーニングのためのヒント、トラブルシューティングに役立つFAQなど、体重を使って筋肉をつくるための決定的な本ができたと思う。

　この一冊の本へと導いてくれたPCCコミュニティに本書を捧げたい。このマニュアルを読んだら、PCCブログにアクセスしてコメントやアドバイスを残してもらいたい。それが、急成長していくキャリステニクスコミュニティに参加することになるからだ。

トレーニングスタイルを変えれば、いつものプルアップが究極のボディビルディングメソッドになる。限界を超えるまで**アンイーブン・プルアップ（1）**をレップしようとするマックスの腕がそれを証明している。

PART 1

バーベルなしで筋肉をつくる？ノープロブレム！

　目の奥に焼き付いている光景がある。サン・クエンティンにいた頃の暑い夏の日のことだ。中庭に出たわたしは、プルアップバーの待ち行列に並んでいた。何年だったかは思い出せない――はるか昔のことであり、今、これを読んでいる人の多くは生まれてもいなかっただろう。記憶から消えない残像。それは、わたしの目の前で待つ男――ディクソン――の視界を遮ってしまう肩幅の異様さだ。ディクソンは、見事な体躯をしていた。廊下の向こうから彼が歩いて来ると、その肩幅のために後ろにいる男が見えなかった。ぶ厚い広背筋のために、両腕がどこでどうくっついているかがわからなかった。完全な球体をしている三角筋は、きれいに彫り込んだようにかたちが整っていた。特にすごかったのは上腕三頭筋だ。腕を上げると、サメの腹のように立体曲線を描いてそいつがぶら下がった。

　ディクソンはジューサー（ステロイドユーザー）ではなかった。当時、それを使うやつはまれで、わたしたちは監獄内の誰がステロイドを使っているかをよく知っていた。彼は、ウエイトやマシンに触れることもなかった。その肉体は、痛みを代償に、自分の体重だけを使って築いたものだった。

ディクソンに限らない。糸のような体から——体重だけを使って——並外れた筋量を持つに至った男たちをわたしはたくさん見てきた。だから、あなたにも同じことができる。どんな体躯がほしいだろうか？

・筋肉をつけて、体重を10〜15キロ増やす
・腕回りを5〜8センチ太くして銃のかたちを変える
・僧帽筋と広背筋を開発して面積を3倍にする
・腹壁を硬く、また、厚くして、ギリシャ彫刻に見るようなシックスパックをつくる
・上腕二頭筋を太く健康的な静脈で飾る
・プロのスプリンター並みの、彫り出したような大腿四頭筋とハムストリングスをつくる
・ダイヤモンドのようなふくらはぎをつくる

　筋肉を人工的にふくらませる行為が横行しているので、現代的なボディビルディングの評価基準に基づいて論じるのはナンセンスだ。とはいえ、その基準から見れば、そこそこの筋量しか増えないだろうと思うかもしれない。しかし、それは違う。正しいやり方で〝体重〟を使えば、そこらへんにいるボディビルダーの99％より抜きん出た体にできる。

同じハンドスタンド（倒立）をやっているように見えるが、このふたりはまったく違うスタイルでトレーニングしている。その後、並外れた筋力アスリートになったパウリネティ教授（左）と、ミスターカナダになったエド・テリオール（右）。

自重力アスリートが、強さに見合った筋量を得られないのはなぜか？

　最初はどんな体であろうと、自重力トレーニングをハードにやれば本物の筋肉がつく！　わたしがいた当時の監獄では、ほとんどの囚人がそのことを知っていた。しかし、外の世界では違っていた。だれもが、自重力トレーニングを大きな筋肉とは無縁のものだと考えていた。**ワンアーム・ハンドスタンド（2）**、**ヒューマンフラッグ（3）**、**プランチ（4）**といった筋力の離れ業を演じる自重力アスリートのほとんどが、普通の体型をしている、あるいは、痩せているようにさえ見えるからだ。

　自重力トレーニングは、男たちを強く健康にする。しかし、ボディビルダーのような体にしないのはなぜか？

　答えはトレーニングのやり方にある。わかりやすくするために概略化するが、レジスタンストレーニングには種類がふたつある。ひとつは運動神経系を鍛えるトレーニングであり、もうひとつは筋肉系を鍛えるトレーニングだ。スペクトルの別の端を目指す2種類のレジスタンストレーニングは、体にまったく違う結果をもたらす！　以下の表を参照してほしい。

運動神経系トレーニングと筋肉系トレーニングの基本的な違い

	運動神経系トレーニング	筋肉系トレーニング
適応	神経繊維をつないだり、つなぎ直したりすることで、筋細胞への情報伝達を効率化する	化学エネルギーをもっと蓄積・生成できる筋細胞にする。その結果、筋細胞がふくらんで大きくなる
方法	挑戦的なエクササイズを選ぶ。多数回トライすることで、完璧なフォームを目指す	ハードなエクササイズを選ぶ。できるだけレップし続けることで筋肉を消耗させる
取り組み方	フレッシュな体を保ちながらトレーニングする。ハードにやりすぎると、フォームが崩れるし、消耗するからだ	セットごとに自分を限界まで追い込む。筋肉を消耗させることがゴールになる。そのハードな世界に筋肉をなじませる
レップス数	新しい技術を習得するのが目的。疲れないようレップス数を抑える。1〜5レップスがいい(理想的には1〜3レップス)	筋肉から化学エネルギーを引き出すことが目的。レップス数を多く、6〜20レップスがいい(理想的には10レップスほど)
セット数	セット数を多くして、できるだけ多数回その技術にトライする(レップス数は少なく保ったままにする)	セット数を少なくして、早く、そして効率的に筋肉を消耗させる(レップス数をできるだけ多くする)
頻度	神経系は、すばやく再構築される。消耗しない限り、日に何度もトレーニングできる	筋細胞を修復し、大きくするには時間がかかる。十分に休息し、オフ日を多めにとる
心理面	トレーニングセッションを〝技術練習〟と考える。完璧なフォームを目指し、その習得に努める	トレーニングセッションを〝ワークアウト〟と考える。自分を追い込み、限界を超える努力を!

　現代的な考えを持つキャリステニクス・トレーニーは、運動神経系のトレーニングを好む傾向がある。筋肉を使うにあたって効率性が高い運動神経系に変えようとする。彼らが開発するのは、筋肉の協働力、バランス力、空間把握技術などだ。しかし、それらを手に入れるのに過剰な筋肉は必要としない。そのため、筋肉がそれほどついていくことがない。このアプローチ法は、体操技術を習得する方法に近い。体操選手がやっているのはもっぱら運動神経系の開発だ。そして、過剰な筋肉を必要としない(もちろん、立派な筋肉を持った体操選手が多い。しかし、その体操選手が技術習得のためではなく、筋肉を得るためのトレーニングをやっていれば、さらに立派な体になっていただろう!)。

筋肉を過剰につけることなく、強さと技術を獲得する！ マーシャルアーツのトレーニングスタイルも同じだ。筋力キャリステニクスを用いて運動神経系を鍛えたひとりがブルース・リーだ。ほっそりとした体つきのまま筋力の頂を目指し、そこに到達している。

　誤解しないでほしい。わたしは運動神経系トレーニングの崇拝者であり、嫌になるほどそれをやってきたひとりでもある。しかし、あなたが筋肉を大きくしたいなら、運動神経系ではなく、筋肉系をトレーニングしないとお門違いになる。その事実を伝えたいだけだ。巨大な筋肉を欲しながら、運動神経系の自重力トレーニングばかりをやっているアスリートをわたしはたくさん見てきた。彼らは筋力的に強くなっていき、難しいエクササイズをクリアしていくが、期待していた筋量を得ることがない。半年が経つと自重力トレーニングをやらなくなり、アスリート仲間に次のように告白することになる。「確かに、キャリステニクスは体を強くする。しかし、大きくすることはないね」と。

　おいおい、それは違うぞ。やり方が悪かっただけだ！

　彼が筋肉系トレーニングをやっていれば、同じ期間で、求めていた体になっていたはずだ。筋肉をつけることがゴールなら、体操選手のようにトレーニングするのではなく、ボディビルダーのようにトレーニングしなければ意味がない。体重を使って筋力をつくり上げる技術に通じているのが体操

選手だ。一方、ボディビルダーは巨大な筋肉をつくる技術に通じている。筋肉系をトレーニングするとはどういうことなのかを知らなければならないのがボディビルダーだ。

さて、次の質問だ。〝筋肉〟をトレーニングするとはどういうことか？　それを伝えるために、筋肉系トレーニングの要点を煮詰め、次章「監獄ボディビルダーになるための十戒」にまとめた。筋肉をつくりたいなら運動神経系トレーニングはしばらく忘れ、「監獄ボディビルダーになるための十戒」に基づいてトレーニングしてほしい。

数か月後、自分の体を見て驚くことになるだろう。

ワンアーム・エルボーレバー (5) のような自重力の離れ業は、腱の強さ、バランス力、筋肉の協働力を問うものになる。しかし、それをやる上で、大きな筋肉は必要としない。

PART 2

監獄ボディビルダーに
なるための十戒

十戒の1 慈しむようにやる1レップをどこまでも増やせ！

レップス数を抑えてセット数を多くするトレーニングスタイルが最近の流行りになっている。低レップスにすれば体が疲れない。同じエクササイズに何度もトライでき、技術上達を速める合理的なやり方になるからだ。技術が必要な動作——**ハンドスタンド（6）**や**エルボーレバー（7）**など——をマスターするカギは運動神経系をトレーニングすることにある。フォームをチェックしながら完璧を目指す1レップ。それを重ねていけば、〝運動神経系マップ〟に理想的な運動パターンを刻み込んでいける。少ないレップス数——燃え尽きたり、疲れを覚えたりすることがない強度と長さ——で1セットを終わらせ、少し休憩し、次の1セットにトライする。洗う、そして、ゆすぐ。それを繰り返せば、だれもが〝エキスパート〟に成長していく。これが、技術を身につけるための、そして、筋力をつけるための最高の方法になる。

　で、ついでに筋肉も大きくしてくれるだろうか？　残念ながらそのやり方では無理だ。運動神経系をトレーニングしていても筋肉はつかない。筋肉は、筋肉系をトレーニングすることでつくられるからだ。そこで必要になるのは、慈しむようにやる1レップをどこまでも増やしていくことだ。

　複雑な話を手短にすると、筋肉をつけたいなら、筋細胞内にある化学エネルギーをゼロに近づけなければならない。化学エネルギーが筋細胞から排出され続けると、わたしたちの体は、もっと多くの化学エネルギーを蓄積・生成できるものに筋細胞を変えようとする。それが筋細胞をふくらませ、つまりは筋肉を大きくすることになる。このエネルギー貯蔵・生成工場を筋細胞内に追加でつくるときに必要になるのがハードワークというわけだ。おだやかなワークではそうはならない。エクササイズに強度がない場合、筋細胞内からではなく、脂肪酸や他の貯蔵物質からエネルギーがつくり出されることになる。運動神経系トレーニング——低レップス数、休憩、その繰り返し——でも同じことが起こる。休憩をはさむと筋細胞内の化学エネルギーは急速に再生する。エネルギー量が危険なほど低くなって、「もっとエネルギーを使える体にしたい！」と体が切望しない限り、筋肉は大きくならない。

漸進的に負荷を上げながら、歯を食いしばってレップス数を増やしていくことが筋細胞内のエネルギーを使い果たす最高の方法になる。厳格なフォームで最大限の負荷をかける1レップ。そいつをとことん慈しみ、それを増やすことに没頭するのだ。大きな見返りを得るには、まずは、いつものレップス数を1～3レップス落とすこと（5レップス以上になるようにする）から始める。フォームを厳格化するためだ。もちろん、6～8レップスからでもいいし、2桁なら最高だ。12～15レップスであれば、別次元の筋肉につながるストレスがかかる。低レップス数で何年もトレーニングし、無敵の筋力を手に入れた男たちと話をしたことがある。彼らの悩みは、片腕につき周囲1センチの筋肉すら増やせない点にあった。そこで、**ホリゾンタル・プル (8)** を20レップス2セットやる課題を与えたところ、たった1か月で片腕につき5センチの筋肉を追加することができた！ 厳格な高レップスに耐えれば、当たり前のようにこれが起こる。筋細胞内の化学エネルギーを枯渇させれ

ば、筋肉は成長することで適応する。だれの筋肉においてもそれが起こる。

十戒の2 未知の領域に突入せよ！

　十戒の1につながる戒になる。ハードにレップし続けることはとてもタフな作業になる。レップス数を増やせば増やすほど、筋肉が燃え、もうやめてくれと叫び始めるだろう。心拍数が天井を突き破り、体が震え、汗をかき、ストレスもマックスに近づいていく。ちょっとした吐き気を覚えることもある（そこで〝燃えて〟いるのが筋細胞に蓄えられていた化学エネルギーだ。それがどんどん減っている状態がこれだ。まさに、望んでいたことが起こっている！）。

　それが正しいやり方だ。

　低レップス数を用いて体を疲れさせない。そしてセット間で十分に休憩する。このスタイルでスキルを習得するやり方を〝ワークアウト〟とは言わない。反復練習だ。現代は〝がんばる〟とか〝限界を突き破る〟といった言葉が嫌われる時代だ。そういった言葉にはどこか古臭さがあり、70〜80年代を境に時代遅れになってしまった（当時を覚えているだろうか？　ジムにいる薬を使わない男たちがまともな筋肉を持っていただろうか？）。アスリートが故障しないよう、コーチの中にもこのスタイルを採用する者がいる。もちろん、わたしも故障に結びつくようなやり方を勧めることはない。いざというときに体を守るため、セット直後でも体をコントロールできるくらいのエネルギーを残す習慣をつけてもらう。しかし、それはハードにワークするなという意

今時のコーチが何を言おうと聞く耳を持つな。そして、限界を超えることを怖れるな！

味ではない。筋肉系トレーニングの場合は、なおさら限界を突き破るくらいハードに。それが鉄則だ。

どれだけ鍛えようが、ワークアウト後に十分な休息と睡眠でバランスをとれば体が壊れるなんてことはありえない。代わりに、ハンターや戦士をねぎらうために母なる自然が用意してくれている物質——テストステロン、成長ホルモン、エンドルフィンなど——が体から分泌され、安らぎと満足感の中で、筋肉がつくられていくことになる。

覚悟はいいだろうか？　つまりはフルスロットルだ。筋肉をつけたければ、努力と痛みが待つ未知の領域へ突入することを恐れてはならない。このやり方で〝小枝〟がカシの木に変わる例を、わたしはたくさん見てきた。もちろん、あなたにもできることだ。

十戒の3　選ぶのは、シンプルな複合エクササイズだ！

これは、十戒の1と2を補完する内容になる。中〜高レップス数で自分を追い込みたいとき、複雑で高度なスキルを求められるエクササイズを選んではならない。たとえばハンドスタンドやエルボーレバーを試みるとき、バランスを取ることに集中力のほとんどが割かれるスキルレベルだと、筋肉からエネルギーを汲み出そうとした途端にフォームが崩れるだろう。つまり、大きな負荷をかけることができない。

高度なスキルを要求されるエクササイズには、低レップス数／多セット／体を疲れさせないトレーニングスタイルがベストだ。しかし、筋肉がほしいのであれば、比較的、低スキルでできるエクササイズを選ぶようにする。そうすれば、筋肉の協働力、重力、体の位置などの要素に神経エネルギーを奪われることなく、筋肉からエネルギーを搾り出せる。これがシンプルなエクササイズを選ぶという意味だ。とはいえ〝シンプル〟と〝簡単〟は同義ではない。ワンアーム・プッシュアップ20レップスは〝シンプル〟なエクササイズだ。しかし〝簡単〟ではない！

基本的な自重力ワークに専心したジャック・ララン。ケガをすることがなかった。

　スキルを求められる静的ホールドよりも、動的エクササイズ——体を上下させるような——の方が適しているということになるが、中でも、複数の筋肉群を対象にする、いわゆる複合エクササイズを選ぶようにする。一度に複数の筋肉群からエネルギーを搾り出せるのでボディビルディングする上での効率がよくなり、努力に見合う筋肉がついてくるからだ。以下のようなエクササイズになる。

・プルアップ
・自重力系スクワット〈**ピストルスクワット（9）**、**シュリンプスクワット（10）**〉
・プッシュアップ
・**オーストラリアン・プルアップ（11）** とそのバリエーション
・**ディップス（12）**
・ブリッジ
・ハンドスタンド・プッシュアップ（壁を使うことで簡単なワークにすること）
・レッグレイズ

これらの動作であれば、筋肉がつくにつれて漸進的にレップス数を増やしていける。あれこれ頭を悩ませることなく、どこまでも自分を追い込んでいくことができる。

スキルベースのエクササイズ——ハンドスタンドやエルボーレバーなど——をプログラムに加えるなと言っているのではない。筋肉を増やしたいのに、スキルベースのエクササイズばかりやっていたら求める結果は得られないと言っているだけだ。シンプルで複合的な動作を選び、それに身を捧げる。そうすることで、筋肉が効率的につくられていく様を確認してほしい。

十戒の4 セット数を増やすな！

これは異論が多い提案になるだろう。しかし、ここまでの話の流れから、自然に導き出されるものになる。なぜか？ 筋肉を完全に消耗させるハードな1セットをクリアした！ で、それを何度も繰り返す必要があるだろうか？

筋肉が疲弊する。その状態は、自然の中ではそれ以上のサバイバルができないことを意味する。そのため、次回、同じような負荷がかかったときに適応できるよう、もっとエネルギーを蓄積・生成できる筋細胞になれ（つまりは、筋肉をつけろ！ ということだが）と命令するサバイバルトリガーが引かれる。大切なのはそこだ。ハードな1セットをクリアしてサバイバルトリガーを引き、もっと筋肉を増やすよう体に伝えた後、なぜ、トリガーを引き続ける必要があるのか？ それは、時間とエネルギーの浪費にほかならない。筋肉を傷つけるし、回復するまでの時間を長引かせる。以下は、名高い運動思想家のマイク・メンツァーの言葉だ。

> ダイナマイトの雷管を一日中鉛筆で叩いていてもビクともしない。しかし、ハンマーで叩けば1回で爆発する。

メンツァーのトレーニング哲学に同意しない人は多い。わたしもすべてを

認めるわけではないが、上の言葉は、ほとんどのアスリートの〝信念〟をハンマーで叩くものになる。筋肉を成長させるための生理学的スイッチを押すのは、鉛筆ではなくハンマーだ。ハードに自分を追い込む1セットで筋肉の爆発が起こる。それは、心ここに在らずの20～30セットよりも価値あるものになる。

筋成長は1セットで起こるが、2セットやれば確実なものになる。適度なウォーミングアップの後にハードな2セットをやれば保証書付きにできる。筋肉をつけたいトレーニーに、わたしはいつもそうアドバイスしている。初心者に、低レップス・多セットを勧めることもあるが、それは、正しい動作を身につけてもらうためだ。エクササイズの正しいやり方がわかったら、そこから先はハードな2セットがあれば十分だ。

熱心なトレーニーは、セット数をもっと増やした方がいいのでは、と尋ねてくる。しかし、セット数を追加するとロクなことにはならない。ハードに5～6セットもやると、次のうちのどちらかが起こる。最後の方のセットが最初の方のセットと比べて哀れを誘うものになるか、目標セット数に到達するために全体が手を抜いたワークアウトになるか。いずれも筋成長には結びつかない結果が待っている。回復時間が長引くし、ケガをするリスクも高まる。ハードなトレーニングは長いトレーニングとは違う。両者は、排他的であると言っていい。そろそろと長く歩いても意味がない。ワークアウトは、短く、シャープに。収穫の場はそこにある！

十戒の5 わずかな進歩を記録せよ！

　ここまで説明した4つの戒――レップス数を増やす、ハードにワークする、シンプルで複合的なエクササイズを選ぶ、2セットにすべてのエネルギーを投入する――を守っても、目立つほどの筋肉がつかないトレーニーがいる。年単位でトレーニングしても変化がない。あなた自身がそうなるかもしれないし、そうなる人を知ることになるかもしれない。

　この悲劇の原因は遺伝か？　それとも、ステロイドを使わなかったからか？　あるいは、糖度が高い（おまけに毒性も高い）流行りのサプリメントを飲んでいないからか？

　そのどれでもない。コンビクトコンディショニング・アルティメイト・ボディウェイト・ログ（Convict Conditioning Ultimate Bodyweight Log）からの次の抜粋を読んでほしい。

　望む強さや筋肉が得られないトレーニーがいるのはなぜか？　答えは、トレーニングの結果がもたらす〝学び〟を利用しないことにある。ワークアウトは体にストレスをもたらす。そのストレスに適応するため、体が変化し、それが進歩につながっていく。しかし、適応できる度合いはわずかだ。特に〝初心者〟を超えるとそれが顕著になる。ここで1レップ追加できた、そこでフォームがちょっと改善できた、あそこで回復時間が短くなった、といった程度にすぎないものになる。ところが、その小さな進歩を積み重ねながら、数か月、数年が経つと、いつしか〝離れ業〟ができるようになったり、体がひとまわり大きくなっていたりする。これは、すでに〝超人〟と呼ばれるアスリートが、2倍、3倍と強さを増していき、鋼の筋肉をさらに厚くし、想像もできない身体的存在に変わっていく方法でもある。

　トレーニーのほとんどがこういった〝わずかな進歩〟に注意を払わない。だから、求める体にどう近づいていけばいいかがわからない。わずか1％の筋力を毎週加えることができれば2年で倍以上の筋力になる。実際に、筋力を2倍にできるトレーニーが少ないのは、トレーニングの軌跡をきちんと追わないからだ。彼らは体に生

> じる１％の適応をないがしろにしている——ここで増えた１レップ、そこで改善されたフォーム、あそこで短縮した回復時間。こういった小さな進歩を見逃したまま、大きな進歩にどうつなげるというのか？
>
> 　１％は、かなり小さな目標だ。そのため、この小さな目標を、記憶、本能、感情などを頼りに覚えていると曖昧になりやすい（今回の目標はなんだっけ？ となる）。進捗状況を書き残せば、今、自分がどこにいるかがはっきりする。次の小さな目標を見失うことがなくなる。そして、トレーニングの定量化が可能になる。ワークアウトを記録し始めたアスリートは、突然、次の進歩のために何をすべきかがわかるようになる。彼はもう、小さな１％を見逃すことがないだろう。

　１～４までの戒を進歩のための動力源にし、それを、今週から来週、今月から来月、今年から来年へと続けることが結果につながる。進歩が一見とるに足らないものであっても気にするな。進歩は、数か月、あるいは数年をかけて積み上げるものだ。筋肉と筋力を確実につける〝秘訣〟があるとすれば、それは、トレーニングにおけるわずかな進歩を見定め、その小さな進歩をログに残し続けることにある。トレーニングジャーナルを書き続けることがそれを可能にする。

　進歩したいなら記録をとるしかない——わたしはこの考え方の信奉者だ。筋肉をつけたいときは、特にそうした方がいい。価値がないサプリメントには何百ドルも費やすくせに、トレーニングを記録する数分を惜しむトレーニーが多すぎる。皮肉なことに、トレーニング内容を正確に記録することには、どんなサプリメントよりもあなたを筋骨たくましい男に変える効能がある——進捗状況を把握できる、今やっているトレーニングに筋肉がどう反応しているかがわかる、トレーニング科学を学ぶきっかけになる、ワークアウト中の心の動きを観察できる——記録をとる利点はまだまだ続いていく。このまま長い論文にすることだってできるほどだ。

　わたしにとって、トレーニングとは記録をとることだ。その熱意が高じて今までの体験をもとにCCトレーニングログというログも出版している。

従来のトレーニングログは自重力トレーニング用にはできていない。CCトレーニングログをつくった理由はそこにあり、たくさんのアドバイスと写真を詰め込んでおいた。とはいえ、それを買う必要はない。記録をとるには、安物のノートを買うか、コンピュータがあれば十分だ。しかし、どうかログどりを始めてほしい。年老いたコーチからのお願いだ。トレーニングを記録することを忘れないでほしい。

十戒の6 休息が筋成長を促す。とにかく、休め！

　ここで、休息のとり方（〝トレーニング頻度〟と言った方がわかりやすいかもしれない）について考えたい。

　まずは簡単な質問を。レップを追加したい、あるいは、フォームを改善したいときはどうアプローチする？

　疲労困憊し、今日はトレーニングしたくないという気分のままで？

　まさか！　十分な休息をとり、エネルギーがみなぎっているときの方がいいに決まっている。そのコンディションがあってこそ、新鮮な気持ちでワークアウトに突入できるし、記録を破り、レップス数を増やし、パーソナルベストを達成できる。もちろん、筋肉を増やすために負荷を最大化するときも、十分に休んで心身ともにリフレッシュさせてからだ。

　しかし、ボディビルダー志願者の多くが正反対のことをやっている。筋肉雑誌に紹介されているプログラム——そのほとんどが、ステロイド・ジャンキー用の、日に何度も軟弱なトレーニングを繰り返すプログラムだ——に洗脳され、頻繁にトレーニングすることで、精神的エネルギーとホルモン的エネルギーを枯渇させている。ヘトヘトになるまでトレーニングしているのに、思うように筋肉がついてこないのがなぜかわからない。

　筋肉がつかない理由を探そうと聞き回ったり、図書館に通って分子生物学

を学んだりする必要はない。そのボディビルダー志願者は単に疲れているだけだ。彼らの筋肉も、休息し、癒され、回復し、成長する時間を欲しがっているだけだ。始終ワークアウトしているこういった人たちの意志力は尊敬に値するものだし、わたしにもトレーニングの虜になっていた時代があった。車輪を廻しているだけなのに、いつも疲労困憊している自分に誇りを持っていたものだ。やったことがないエクササイズに幻惑され、次から次へと試したくなる心情も理解できる。しかし、わたしたちは、トレーニングが、筋繊維を破壊する作業であることを忘れがちだ。古くから知られてきた筋肉をつくるためのコツ——筋肉はトレーニング中ではなく、休息中に成長する——を、ついつい無視しがちになる。

必要不可欠なのが休憩。ダニー・カバドロが、セット間で呼吸をととのえている。

どれだけ休息日をつくるかは、年齢、体質、トレーニング歴、トレーニング以外の活動内容などによって変わってくる。しかし、おおよその指針なら伝えることができる。

- 筋肉を大きくしたいなら、どの部位であろうと、週2回を超えるワークはしない方がいい。もちろん、同じ筋肉を2日連続で鍛えてはならない。
- どれだけトレーニングしているかにとらわれず、筋肉の現実的な成長に着目する。週1回のハードトレーニングで成果が上がるなら、わざわざ週4回やって後退させることはない。
- スティーブ・リーブスやレッグ・パークといった古い時代のボディビルダー

は、週3日のトレーニングで筋肉をつくり上げた。それ以来、週3日のハードトレーニングで筋肉を維持しようとするパワーリフターが少なくない。筋肉を肥大させたいなら毎日（または日に数回）トレーニングしろという話はでたらめだ。

- 大きな筋肉は、通常、小さな筋肉よりも疲労からの回復に時間がかかる。
- 炎症を起こしている筋肉群があったら、そこはトレーニングしないこと。
- 筋肉系を鍛えると、ホルモン系、エネルギー系を枯渇させる。体が弱っている、疲れている、エネルギーが足りなくなっていると常に感じるようになったら、週に1～2日、休息日を追加する。筋肉のコンディションが良くてもそうすること。
- 筋量を最大化したいなら、トレーニング量が極端に少ない場合を除いては、少なくとも週2日は休む。しかし、好ましい結果をもたらしやすいのは、週3～4日を休息日に当てることだ。
- 進歩が認められるプログラムかどうかが大切。筋肉のつき方はもちろん、筋力的な進歩も考慮に入れる。ハードにトレーニングしているのにレップス数が伸びない場合は、休息日を増やす。

ジアナボル（ステロイドの一種）を使うようになる前のレッグ・パーク。週3回のトレーニングでつくった体だ。

話をまとめよう。セット数を制限して負荷を上げ続ければ、筋肉はついてくるものだ。しかし、筋肉（と心）を十分に休息させない限り、そうはならない。〝休息〟はボディビルディングというパズルを完成させるための大きなピースになるのだが、実際は、あまりにも過小評価されている。そのため、疲れきっているトレーニーが多い。体を休ませない限り、筋肉には結びつかない。そこを忘れないようにしたい。

体から最大限の強さとエネルギーを引き出す瞬間に向かって……休め！

十戒の7 〝きれいなもの〟ばかり食べようとするな！

　筋肉雑誌やフィットネス雑誌を読んでいると、筋肉をつけるための完璧な食事が〝鶏の胸肉・ブロッコリー添え〟であることがわかる。大量の水と一緒に流し込むサプリメントも忘れないようにしたい……。

もちろん、こんな話を信じてはならない。

　もし、体に筋肉を詰め込みたいなら、きちんと三食食べるだけでなくジャンク視されている食品を体に入れるべきだ。それらは体にスムーズに同化してくれもする。監獄食については『プリズナートレーニング　超絶!! グリップ＆関節編』（以下CC2＝CONVICT CONDITIONING2と表記）で紹介している。そこで説明した通り、監獄の中にはフィットネス世界の〝常識〟からかけ離れた食事を摂りながら、筋肉質で筋力も強いアスリートがごろごろしている。彼らにちょっとしたジャンクフードを毎日あげると言ったら……興奮のあまり、あなたの腕を噛みちぎるかもしれない。ジャンクが筋肉を発達させる炎になることを知っているからだ。

　現代ボディビルディング界にセンセーションを巻き起こしたカリ・マッスルと呼ばれる男がいる。サン・クエンティンでキャリステニクスを学んだというからわたしの後輩にあたる。身長が178センチなのに、体重が110キロを超えている。この重い体で難なく**マッスルアップ（13）**や**ヒューマンフラッグ（14）**をこなすことから、ついたあだ名が筋肉モンスター。カリの体に筋肉がつき始めたのは、収監され、高炭水化物食（ダンキン・スティックス、ハニー・バンズ、ラーメン、ツナスプレッドなど）を大量に食べるようになってからだという。それまで痩せていた彼の体を大きくする上で決定的な役割を果たしたのが、高カロリーのジャンクフードだ。それだけで筋肉がついていったので、ステロイドを勧められはしたが、一貫して拒否し続けたそうだ。

　カリはおかしなことを言ってはいない。真っ当な三食にジャンクを加えると筋肉がつくという考え方は、新しいものではない。昔のストロングマンは、今の世界ではゴミのように扱われている食べ物を摂って体を大きくしたものだ。サクソン兄弟は頻繁にケーキを食べ、ビールを主食の一部にしていた。ボディビルディング界の〝巨星〟ジョン・グリメックが欠かさず持ち歩いていたのは、大きなハーシーチョコレートだった。

リーブス、パークなどが憧れたボディビルディング界の〝巨星〟ジョン・グリメック。彼はチョコレートを筋肉フードだと考えていた！

　脂質も忘れてはいけない。赤身の肉、卵黄、ハム、チーズ、ソーセージといった本物のマッスルフードを避けないようにする。ちょっと続けると何千ドルもかかるアミノ酸を定期的に飲みながら、首にホエイシェイクをぶら下げてマシン相手にヒーヒー言っている〝痩せ男〟。悪いが、さすがに笑いを禁じ得ない。サプリメント会社（そして、その娼婦であるフィットネス雑誌）は、内分泌学者ならだれもが知っている基本的な話を彼らに教えようとはしない。それは、テストステロン（筋肉合成ホルモン）がコレステロールから合成されるという真実だ。そう。高脂質食品を食べてコレステロールを摂らない限り、体はテストステロンをつくることができない。つまり、筋肉をつくることができない。

　肉には病原菌などの悪いものがいっぱいくっついている。そう愚痴をこぼすベジタリアンが多い。確かにそうかもしれないが、わたしたちを殺すほどの力は持ってはいない。それどころか、赤身の肉を食べ始めたことが、人類

の長寿につながったと考える研究者が多くなっている。飢えたご先祖様が厚切りの肉にかぶりつき、病原菌などの〝悪いもの〟に適応していく過程で、強い免疫系が構築されていったのだ。

一日中ジャンクを食べろと言っているのではない。筋肉をつけたいなら、まずはバランスがとれた食事を規則正しく食べること。しかし、いつも〝きれいなもの〟ばかり体に入れていても筋肉はつかない。毎日、ちょっとした〝ジャンク〟を加えることがポイントだ。ハンバーガーとトゥインキーを食べに行け。そうすれば、数時間後に最高のワークアウトができるだろう。無理なく筋肉もついてくる。

十戒の8 もっと眠れ！

最初の本が世に出たあと、監獄アスリートについての質問が洪水となって襲ってきた。鉄格子の中にいる男たちが、高密度の筋肉をどうつくり、どう維持しているのかという質問も多かった。プロテイン漬けになりながらピカピカのマシンと格闘しても筋肉がまともについてこない都会の男たちにとって、それは、とても興味をそそるテーマのようだ。

理由はたくさんある。食事と労働がルーチン化されていること。監獄内でサバイバルしていくことが課題になるため、モチベーションの維持が容易なこと。誘惑が少ない環境であることも理由になるだろう。しかし、もっと大きな理由がある。わたしはこれまでステロイドに代わるものがないか何度も質問を受けてきた。答えはいつも同じ。〝睡眠〟だ。眠りに落ちると、脳からパフォーマンス向上薬をつくれという命令が体に向かって発せられ、その産生が始まるからだ。

囚人は王のように眠る。いつも言うように囚人生活を賛美しているわけではないが、王のように眠る生活がそこにはある。鉄格子の中に入ったら最後、灯りが消えたら寝るしかない。眠りにつく時間が毎日同じで、寸分の狂いもない。先祖の生活を踏襲するかのように、太陽が地平線の下に落ちると（消

灯すると)、脳と神経系のスイッチが強制終了され、そこから先は充電時間に入る。多くの囚人は毎晩10時間眠る。おまけとして昼寝が加わることもある。

外の世界はまったく違う。電球、液晶テレビ、ノートパソコン、携帯電話などの〝人工的な太陽〟をオンにしさえすれば〝太陽〟を24時間コントロールできる。飲みに出かけたり、パーティーに興じたり、一晩中ネットフリックスを観たりすることができる。ほとんどの人――特に若者――の睡眠パターンはカオスの中にあるのだが、それでいて、不眠症や睡眠問題に悩む自分を不思議に思っている。彼らの脳は、何が起こっているかを突き止める糸口さえ見つけられずにいる！ ルーチンがなく、眠りよりも刺激を優先する生活が当たり前になった結果、現代アメリカ人の平均睡眠時間は7時間をきっている。それよりずっと少ない人も多い。

フィットネスライターの多くが休息と睡眠を同じカテゴリーに入れて論じているが、それは違う。特殊な生理状態をわたしたちにもたらすのが睡眠だ。10分の睡眠は、10分どころか1時間の休息以上のものになる。睡眠には、休息が脳と体にもたらす利点のすべてが含まれている。しかし、その逆は真ではない。ハードなトレーニングをこなしながら次の休息日を待つのは楽しいものだが、どれだけ休もうが眠ることの足元にも及ばない。たとえば、ヒトが眠ると以下のようなものを脳の中で産生する。

- 成長ホルモン――ストリートで売られているのは、危険で、高価で、ときに違法でもある成長ホルモンだ。よく眠ると、自然由来の成長ホルモンが無料で手に入る。
- メラトニン――もっとも強力な免疫物質かつ治癒物質であると考えられている。筋肉の修復を助ける作用もある。メラトニンの血中濃度が高いとガン細胞の増殖を防ぐことが知られている。
- 黄体形成ホルモン――睾丸内の間質細胞を強力に刺激し、テストステロンをつくらせる物質だ。ご存知の通り、テストステロンは、筋肉を増やす作用があるナンバー1ホルモンだ。

睡眠がボディビルダーにもたらす効果の大きさを理解してもらえただろう

か？　それでも、刺激的な時間をもっと続けたい？　では、睡眠が無駄な脂肪を削ぎ落とすという話ならどうだろう。

　睡眠と覚醒のサイクルが食欲を調整しているという話をご存知だろうか？　ヒトという種にとっての収穫シーズンは初秋──日照時間がいちばん長くなる時期──に訪れる。この時期が来ると、わたしたちの先祖は、炭水化物含有量が高い果物を探してまわり、狂ったように食べていた。分厚い脂肪をつけて、角を曲がったところで待つ寒さと空腹に耐える冬を乗りきるためだ。この習慣が脳にプログラミングされた結果、光に当たっている時間が長引くと炭水化物がほしくなるようにわたしたちの体は条件づけられた。

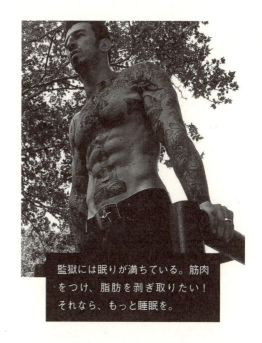

監獄には眠りが満ちている。筋肉をつけ、脂肪を剥ぎ取りたい！　それなら、もっと睡眠を。

　奇妙なほど長い日照時間の中で過ごすのが現代人の毎日だ。家にある電気照明、TV、ビデオゲームなども太陽光と同じ種類の光を放っている。石器時代からほとんど変わっていないわたしたちの脳は、年がら年中の収穫シーズンを過ごしている。そこで放出され続けるのが、炭水化物を探して口に入れさせようとするホルモンや神経伝達物質だ。ダイエット本が売れるのは当たり前。冬に備えてたくさん食べておけと脳が常に指令を出しているからだ。ベッドに早く入ることを習慣づければ、終わることがなかった実りのシーズンが終わる。今は収穫シーズンだと体内カレンダーがだまされることもなくなる。無性に炭水化物を口にしたくなる衝動も、突然、消えるだろう。体はそう機能するようにできている。

　トレーニングと直接関係がない話だったから、眠たくなったかな？　それ

でいい。そのままベッドに入れば、明日の朝には、シックスパックになっているだろう。

十戒の9 心にもトレーニングを！

わかりきったことだ。しかし、ワークアウト中の心の動きをしばらく観察すると、それがトレーニングに対してどれほど大きな役割を果たしているかがわかる。昔のボディビルダーたちは心の役割をとても深く理解していたし、それをうまく利用したものだ。最初のミスター・オリンピアであるラリー・スコットを育て、〝アイアン・グル〟とも〝チャンピオンをつくるトレーナー〟とも呼ばれたビンス・ジロンダが、「究極のサプリメントを教えてくれ」という質問を受けたことがある。こう答えている。

鉄製のバーを何本も曲げた〝アイアン・グル〟。

〝心〟に匹敵するピルや粉末を製造できるサプリメント会社はない。強く望めば、心はサプリメントを軽々と超える効能を発揮する。ウエイトがわたしに何かをしてくれることはない。「がんばれ」と耳元でささやくこともない。ましてや、『俺をカールしろ。週４回！ それを何週間も続けるのだ』と鼓舞してくれるわけがない。わたしの体に命令するのはわたしの心だ。それ以上、何か言うことがあるか？
——ラリー・スコット、ザ・ワイルド・フィジーク（コラム）、Musclemag no.132

弓から放たれた矢は——外力（摩擦力、重力など）が静止状態へと引っ張らない限り——まっすぐ永遠に飛び続ける。それを教えてくれたのはアイザック・ニュートンだった。人の心も同じだと思う。まっさらな心は、否応無しに正しい方向へと飛んでいく——否定的な思いに引っ張られない限りは。それら否定的な思いは破壊的なパワーを持ち、思考パターンに害をもた

らす。トレーニングをこき下ろし、習慣を打ち砕き、今やっているエクササイズをストップさせる力を持っている。

　わたしは、それらの否定的な考えを〝トレーニング上の悪魔〟と呼んでいる。〝悪魔〟と戦って打ち破ることがトレーニングを成功へと導く。このテーマについてはCC2の第21章で紹介している。

十戒の10　筋力をつけろ！

　運動神経系をトレーニングすれば筋力が早くつく。そして、筋肉系をトレーニングすれば筋肉が早くつく。第2章を通じてもっとも言いたかったのはそこだ。では、筋肉をつけることを唯一のゴールにした場合、運動神経系トレーニングからは永遠に遠ざかってもいいのだろうか？　それは違う。理由を説明しよう。

　運動神経系と筋肉系の関係は、電気回路と電球の関係に似ている。運動神経系が電気回路で、筋肉が電球だ。電気回路のワット数を高くすれば、電球はより明るい光を放つ。同じように、運動神経系を通る信号を多くできれば、筋肉がより激しく収縮するようになる。つまり、筋力が高まる。

　ボディビルダーが鍛えるのはもっぱら筋肉系だ――彼らは、常に、電球を大きなものに変えようとしている。筋力アスリートがもっぱら鍛えるのは運動神経系だ――彼らは、電球は小さいまま、電気回路のワット数を高めようとしている。筋肉が小さくても人間離れした筋力を発揮するアスリートがいるのは、ワット数を高くすれば、電球が小さくてもパワフルな光を放つようになるのと同じことだ。

　ある視点から眺めると、運動神経系アスリートも筋肉系アスリートも同じことを望んでいる。ここまでの比喩に従えば〝より明るい光〟、つまり、筋肉の作業出力量を上げることが目的になる。そのため、最大限の筋力を求めるアスリートは、筋肉も鍛えて電球を大きなものに変えようとする。毎年開

催される筋力イベント（パワーリフティング競技会など）に通っているとそれがわかる。筋力がついてきたアスリートは、一様に筋肉も大きくなっていく。キャリアを通して彼を観察していると、重いクラスへと何段階か上がっていくだろう。筋肉が小さい頃の彼よりも、筋肉が大きくなった後の彼の方が強い筋力を発揮できるようになっている。

　ボディビルダーの側から考えると、彼らはより大きな〝電球〟（作業出力量が大きくなる巨大な筋肉）を求めている。筋肉が大きくなればなるほど、より重いウエイトを挙げられるようになり、筋肉により大きなストレスをかけられるようになるからだ。そのストレスに適応するため、筋量が増していく。この進歩を停滞させないためには、体が大きくなればなるほど重いウエイトが必要になる。そして、それにはウエイトを挙げるための技術——筋力が必要になる。言葉を変えれば、筋肉を限界まで開発したいなら運動神経系を鍛える必要が出てくるということになる。

　ボディビルディングを始めて3〜6か月が経ち、ある程度の筋肉がついたのに、筋成長がそこでピタッと止まった男を知らないだろうか？　そうなる理由がここにある。文字通り、筋力を鍛えずに走ったからだ。どれだけハードに筋肉を鍛えても——つまり、筋肉にどれだけストレスをかけても——筋肉を開発することの一部には筋力がかかわってくる。その新人ボディビルダーが筋肉系トレーニングをいったん休み、そこからの3〜6か月間を運動神経系トレーニングに費やしてから筋肉系トレーニングに戻れば、筋成長は再開するはずだ。

　過去を生きたボディビルダーの多くは、筋力と筋量の関係を理解していた。そのため、一年のうちの3〜6か月を運動神経系トレーニングに費やしていた者が多い。その期間は筋量を増やすことを忘れ、筋力をつけることに集中したものだ。ボディビルディングをやりながら、そこに、運動神経系ワークを加える者もいた。セッションを変えてやったり、セッション中に運動神経系ワークを混ぜたりするやり方だ。現在も、成功したボディビルダーのほとんどが、筋肥大（成長）ワークと筋力ワークの両方をやっている。彼

らは、筋力トレーニングをやらないと筋肉が増えないことを理解している。

結論はシンプルだ。筋肉系トレーニングは筋肉を成長させる。しかし、運動神経系トレーニングをそこに加えない限り、筋成長は続かない。純粋な筋力トレーニング——運動神経系を鍛えること——を定期的に行うか、普段のボディビルディング・プログラムにそれを加えれば筋量獲得が加速するだろう。

体重を使って運動神経系を鍛えるにはどうしたらいいか？本書には、筋力をつけるためのマニュアルも用意してある。運動神経系にジャッキを突っ込み、回路を開いて通りをよくするための10のメソッド。第6章『筋力を究める道を行く——体重を増やさずに強くなるための十戒』を参照してもらいたい。

おさらいのために、この章の要点をまとめよう。

ジョー・グリーンスタイン——マイティ・アトム——は、体重およそ63キロの小男だった。しかし、ジャッキを使わずにクルマを持ち上げ、そのままタイヤを交換した！ 肋骨周りに鎖を三重に巻き、肺をふくらませて引きちぎった。また、片手に布を巻き、それを金槌代わりに、松の板に太釘を打ち込んだ。筋肉が大きくても筋力がなければこういった離れ業を演じるのは不可能だ。アトムの電球（筋肉）は小さかった。しかし、ワット数を極限まで高めることで電球を強く光らせたのだ！

監獄ボディビルダーになるための十戒

1. 慈しむようにやる1レップをどこまでも増やせ！
2. 未知の領域に突入せよ！
3. 選ぶのは、シンプルな複合エクササイズだ！
4. セット数を増やすな！
5. わずかな進歩を記録せよ！
6. 休息が筋成長を促す。とにかく、休め！
7. "きれいなもの"ばかり食べようとするな！
8. もっと眠れ！
9. 心にもトレーニングを！
10. 筋力をつけろ！

　ボディビルディング初心者は、情報の洪水の中でもみくちゃにされる運命にある。もし、雑誌やTV、友人、インターネットなどから矛盾した情報を浴びることになったら、ぶれることがない哲学が必要になる。以上説明してきた10のルールは、シンプルで覚えやすいし、実践もしやすい。わかりやすいとはいえ、侮るな。この十戒にまじめに取り組めば、体に何トンもの筋肉がついていく感覚がどんなものかを味わうことになるだろう。

PART 3

˝コーチ˝ウェイドの自重力ボディビルディング戦略

自分の体重だけを使ってボディビルダーになる方法をここまで説明してきた。ここからは、具体的な話に移ろう。筋肉雑誌を手に取ると、たとえば、胸筋や広背筋を鍛えたいときにどのマシンを使うべきか、どんなダンベルエクササイズをやったらいいかが細かく書かれている。キャリステニクスを使って筋肉を増やしたい場合、参考になるものがない。何をやったらいいか教えてくれるトレーナーもいないだろう。そこで、キャリステニクスを用いたボディビルディング技術を11の主要な筋肉領域をターゲットにして紹介したい。筋肉をつくる上でもっとも効果的なエクササイズを集めたので、『プリズナートレーニング』（以下CC1と表記）やCC2とかぶるものも出てくる。しかし、これがベストなので、そこに第2章「監獄ボディビルダーになるための十戒」を適用しながら工夫を重ねてほしい。

　使うのは体重だけ。あとはやるかやらないか。言い訳はなしだ。

ゴジラ並みの大腿四頭筋をつくる

　大腿四頭筋を大きくしたいなら、まずは、スクワット（特に、ワンレッグ・スクワット）だ。ふくらはぎとハムストリングスを一緒に収縮させながらゆっくり完全にしゃがみ込み、その体勢からピストンを押し戻すようにゆっ

くり立ち上がる。弾まないようにする。また、揺らさないようにする。ビッグ6のスクワットシリーズを漸進的にステップアップしていけば、大腿四頭筋は大きくなる。これが基本になる。

ボディビルダーはレッグプレスマシンを使って大腿四頭筋を鍛えている。その自重力版として、アル・カバドロが推薦するのがシュリンプスクワットだ。一方の足のかかとをつかんで尻に着け、そっち側の膝が地に着くまでスクワットする。アルは軽々とやるが、もちろん、簡単ではない。難しさとい

脚に焦点を当てたすべてのトレーニングと、日々の生活で必要になる動作の土台をつくるのが体重を使ったスクワットだ。

う点ではワンレッグ・スクワットに匹敵する。上級者は、台の上に立つことで難度を高めることができる——動作域が過激なまでに大きくなるだろう。アルはこれを大海老スクワットと呼んでいる。食欲をそそる名前だ。こいつ

ボディビルディングで使うエクササイズは、小さい動作域で行うものが多い。レッグプレスもそうだ。筋肉はつけるが、膝関節には何もしていない。膝の全可動域を使う大海老スクワットのようなエクササイズであれば、大腿四頭筋を大きくしながら強く弾力がある腱と結合組織をつくることができる。

を食べ続ければ、確実に筋肉になる。

　ダイナミックな動作も大腿四頭筋に筋肉をつけるトレーニングになる。爆発的ジャンプがいい例だ。パワー、スピード、腱の強さを兼ね備えた大腿四頭筋に変わっていくだろう。また、これらのダイナミックな動作は普段やっているスクワットをパワフルなものに変える。垂直ジャンプに至っては、すばやくやるスクワットと言ってもいい動きになる。爆発的ジャンプには以下のような種類がある。

・ボックス・ジャンプ（15）
・垂直ジャンプ（16）
・デッド・リープ（17）
・タック・ジャンプ（18）
・スプリットジャンプ（19）
・ロングジャンプ（20）
・ワンレッグ・ジャンプ（21）など

　爆発的ジャンプは、そのすべてが、ふくらはぎ、臀部、ハムストリングス、ウエストに働きかけるものになる。実際には、腕も動作に加わってくるので、全身運動と考えた方がいいだろう。爆発的ジャンプは第2章で紹介した十戒とは少し違うアプローチ法をとる。レップス数を少なくし（1〜3レップス）、セット数を中程度（およそ5セット）にするのだ。そうすれば、きびきびと元気がいい跳躍を保つことができる。

　スクワットや爆発的ジャンプをやっていれば、ごつい大腿四頭筋になるだろうか？　もちろんだ！　満足できる結果がついてくる。究極のルーチンは、片脚につき20レップスのワンレッグ・スクワットを2セット、それに続く60センチ（＊）の高さを目指す垂直ジャンプ5セットだ。
＊垂直ジャンプの達成距離は、地からではなく、手を伸ばしきった位置から測る。垂直ジャンプのやり方がわからなければ、Sargent Vertical Jump Test で検索せよ。

歴史的に見ても類まれな脚を持っていたのがトム・プラッツだ。ボディビルディング雑誌は、彼がいつもバーベル・スクワットをやっていたと書きたてるが、シシー・スクワットの信奉者であったことは伝えようとはしない。

　ジムにいるボディビルダーは、レッグエクステンションなどを使って大腿四頭筋を鍛えることを好む。しかし、靭帯を傷めるから真似しない方がいい。そんなやり方をはるかに凌ぐのがシシー・スクワットだ。

　シシー・スクワットの正しいやり方を説明するのは難しい。ベストを尽くすが、わたしの文章を読むだけでなく、上の写真やweb上にある動画を参考にして理解を深めてほしい（シシー・スクワット・ステーションを使ったやり方は参照しないように。それを使うと、本来のシシー・スクワットではなくなる）。やり方は以下の通り。バランスをとるため、安定した対象物をつかむ。つま先立ちになる。股関節を曲げないよう気をつけながら膝を曲げていくのだが、この体勢で曲げていくと、膝が地に向かって沈んでいく一方で体が後方にのけぞっていく。地に膝が着くほど強い腱を持っているアスリートもいる！ 20レップスのシシー・スクワット2セットで脚のワークアウトを終えると、大腿四頭筋は容易に発達する。古い時代の囚人アスリートたちが、通常のスクワットと並行してシシーをやって汗を流していたことを覚えている。黄金時代のボディビルディング研究家であり、若き日のシュワ

ルツェネッガーのトレーナーでもあった〝アイアン・グル〟ことビンス・ジロンダが弟子たちに奨励したのもシシー・スクワットだ。一方で、バーベル・スクワットはけっしてやらせなかったという。

ハムストリングス: 爆裂マシンを開発する

　自重力ではハムストリングスは鍛えられない。大きくなることもない——この種の戯言をどれほど聞いてきたことだろう。真実は違う。わたしは、これまで、大腿裏側の筋肉をすばらしいまでに開発したキャリステニクス・アスリートを数限りなく見てきた。バーベル・スクワットがヒトのハムストリングスを発達させたわけではない。何百万年もかけてハムストリングスを進化させたのは、〝体重〟であり、神がハムストリングスをそこに置いたのも、体の重さを支えながら移動するためだ。だから、体重の使い方を工夫すればどこまでも進化するし大きくなるはずだ。

　しゃがみ込むときの大腿四頭筋の動きを補う。それが、ハムストリングスの主要な役割のひとつだ。大腿四頭筋とハムストリングスのように、反対側に位置するふたつの筋肉は、通常、同時に発火しないと考えられている。しかし、しゃがむときのハムストリングスと大腿四頭筋は一緒になってワークしている。運動科学上のこの〝違反〟は、ロンバード・パラドクスと呼ばれるものだ。そして、何らかのスクワットをやっていれば、ハムストリングスを鍛えていることになる。スクワットは、当然、やっているよね？

　スクワットと同じように、ブリッジもハムストリングスに筋肉をつけるための基本エクササイズになる。ブリッジは、体の後ろにある筋肉のつながり全部を動作させる。もちろん、そこにはハムストリングスも含まれている。股関節を使って胴部を後方に反らせ、膝のところで脚を曲げれば、股関節と膝をつなぐハムストリングスに負荷がかかる。ここで、つま先を立ててはいけない。つま先を立てるとつま先からの圧力が大腿四頭筋を活性化させるが、ハムストリングスにはあまり負荷がかからなくなる。ハムストリングスに必要なのは、かかとからの圧力だ。そのため、ハムストリングスを含めた

後部チェーン（体の後ろでつながっている筋肉群）全体を鍛えるには、地にしっかりと足裏全体をつける必要がある。そして、ハムストリングスを含めた体の後ろ側にある筋肉全体を同時に活性化するには、かかとから押してブリッジをかけることがポイントになる。

ハムストリングスをもっとも刺激するエクササイズは、**ストレート・ブリッジ（22）** だ。ハムストリングスに筋肉がつかない場合は、スプリントや、（さらに効果的な）**丘スプリント（23）** をやった後に、ストレート・ブリッジを加えるといい。フォームを崩さずにゆっくりやる20レップスを4～5セット。こうすれば、鉛筆のような脚にみるみる筋肉がついてくる。

ハムストリングスは後部チェーンの一部であり、大腿二頭筋、半腱様筋、半膜様筋の3つの筋肉で成り立っている。大腿二頭筋はその名の通り、ふたつの筋肉でできている。ひとつは短くて膝関節をまたいでいるだけの筋肉で、膝のところで脚を曲げるのに役立っている。もうひとつは強いだけでなくとても長い。膝関節と股関節をまたいでいて、体幹を前方や後方に押し出すときに臀筋とともに動作する。ちなみに、中世の肉屋が食用豚の脚を展示するとき、こっち側の筋肉にある長くて強い腱を店先に引っ掛けて吊るし

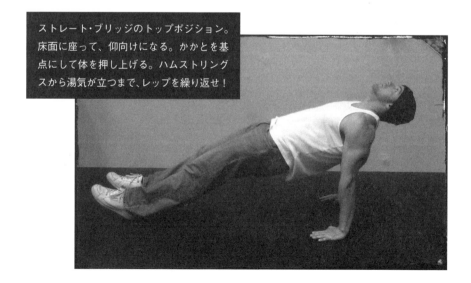

ストレート・ブリッジのトップポジション。床面に座って、仰向けになる。かかとを基点にして体を押し上げる。ハムストリングスから湯気が立つまで、レップを繰り返せ！

た。この ham を string が、ハムストリングスの語源になっている。

　筋肉のつき方から考えると、ハムストリングスを発達させたいなら負荷に抗いながら膝を曲げればいいということになる。レッグカールマシンはこの考え方に基づいて設計されているのだが、同じ動作は〝体重〟でもできる。ブリッジ・カールと呼ばれるエクササイズがそれで、こんな風にやる。まず、床面に仰向けになる。高さがあって動かない対象物——たとえば、ソファーの腕——にかかとを乗せる。脚を曲げながら、かかとを押し下げ、ハムストリングスの力だけを使って胴部を押し上げる。肩が支点になっている。かかとを乗せる位置を高くしていけば、難度を高めることができる。ワンレッグ・ブリッジ・カールを目指す漸進的シリーズをつくってもいいだろう。

　大腿四頭筋と同じように、爆発的ワークをやればハムストリングスも開発される。脚全体が、もともと爆発的に動作するようデザインされているからだ。大腿四頭筋に効くのはジャンプだが、ハムストリングスに効くのはスプリントだ。スプリント中のハムストリングスはとてもパワフルに動作しているが、その分、酷使される。適切なウォーミングアップを怠ったスプリンターがハムストリングスを痛めるのはそのためだ。ボディビルディング効果を高めたいなら、勾配を加えたスプリントにチャレンジするといい。勾配角度が大きくなればなるほどハムストリングスへの負荷も大きくなる。つまり、ハムストリングスを開発する上で、勾配がある階段スプリントは、平地でのスプリントを凌ぐ。ベストは急勾配の丘を駆け上がる丘スプリントだ。

　スプリントでボディビルディング？　突拍子も無い組み合わせだと思うかもしれないが、その反応は、スプリンターが持ついまいましいほどの脚をあなたが見たことがないことを白状している。スプリントは、筋肉をつくるだけでなく、脚と脳の神経的結合を強めるエクササイズにもなる。それが、アスリートにスピードと筋力をもたらし、ひいては次の筋量へとつながっていく。本物のスプリンターになった気分で短い距離（100mかそれ以下）を悪魔のように集中して駆け抜ける。4〜5回以上走れたら変だ。そこまでやって〝爆発力〟が枯れていなければ、もっとまじめにやれということになる。

上腕二頭筋をソフトボール大にする

　上腕二頭筋に筋肉をつけたい場合、アンダーハンドでやるプルアップ――チンアップとも呼ばれる――がベストエクササイズになる。ボディビルダーと話をすると、全員が、そりゃ、バーベルカールだぜと言い返してくる。しかし、バーベルカールは分離エクササイズであり、肘関節ひとつで行うワークになる。極端な負荷がかかって肘や筋肉に痛みが出るとしばらくワークができなくなり、結局、筋成長を遅らせることになる。一方、チンアップは、肘と肩のふたつの関節を使いながら複数筋肉に負荷をかける複合エクササイズだ。関節や筋肉に、比較的、安全に負荷をかけることができるので、筋成長させたいときのベストエクササイズと言えばこちらになる。

　過負荷――筋成長を促すためにかける負荷の大きさ――も違う。体重が90キロあるボディビルダー初心者がいたとする。バーベルカールを選んだ場合、彼が目指すゴールは、おそらく90キロをカールすることになる。ところが、ワンアーム・チンアップを選ぶと、2倍（180キロ）の負荷を同じ上腕二頭筋にかけることがゴールになる。目指すゴールに到達してワンアーム・チンアップができるようになる頃、どれほど大きな上腕二頭筋になっているかを想像してほしい。

　チンアップが上腕二頭筋を開発する上での出発点になる。それをやらずに、上腕二頭筋を大きくするエクササイズを探すのは時間の無駄だ。肩幅にとったグリップでのチンアップが楽になったら、グリップを近づけていく。ふたつのグリップがくっついたら、巨大な上腕二頭筋をつくる上で最高のエクササイズをやっていることになる。さらに上を目指すなら、CC1のプルアップ・シリーズを参考にワンアーム・アンダーハンド・チンアップをゴールにする。もちろん、オーバーハンド（順手）でやるプルアップでも上腕二頭筋に負荷がかかるが、上腕二頭筋への刺激が止まったと感じたらアンダーハンドでやるセットを加えるようにする。違うアングルから上腕二頭筋にアプローチしたければ、**オーストラリアン・プルアップ (24)** を加えればいい。CC1のプルアップ・シリーズを参照すれば、これも、ワンアーム・オース

トラリアン・プルアップを目指す漸進的なトレーニングにできる。

　ロープ登りも、上腕二頭筋（と前腕）を成長させるための優れた複合エクササイズになる。これも漸進的に行うことができる。最初は、腕と脚を使って登り降りする。次に、腕と脚を使って登り、腕だけで降りる。最後に、腕だけで登り降りする。古い時代のストロングマンは、地に腰を降ろしてLホールドの体勢を取り、その体勢を保ったままロープを登ったものだ。これが、ロープ登りにおけるマスターステップになる。マスターステップの候補になりそうな別のアイデアも加えておきたい。19世紀に、世界でいちばんだと称えられた上腕二頭筋を持っていたのが〝スコットランドのヘラクレス〟ことウィリアム・バンキアだ。この男はロープ登りしかやらなかった。斜め（45度）に張ったロープにぶら下がり、腕の力だけで後ろ向きにロープを登る野蛮なバリエーションを使った。腕に自信があるなら試すといい。重力を使うという意味で、ロープ登りは一級のトレーニングになるものであり、もっと尊重されるべきものだとわたしは思う。ロープワークに関してはCC2で説明しているが、友人であるロブ・ドラッカーのサイトに載せたわたしの記事も参考にしてほしい。

http://www.musclesofiron.com/articles/a-dirty-dozen/

ロープ登りは、上腕二頭筋をつくるキラーエクササイズになる。

巨神族のような上腕三頭筋を

　今までボディビルダーとずいぶん話をしてきたが、上腕三頭筋がどのように働いているかを正確に理解している男に会ったことがない。上腕三頭筋の解剖学的構造についてネットを使って調べたこともあるが、誤った解剖図を載せているものが少なくなかった。ボディビルディング雑誌も、「プッシュダウンが上腕三頭筋の長頭に効く」といったひどい話を量産している。すべてを忘れろ。ここで、上腕三頭筋が何をやっていて、どう鍛えたらいいかを伝えたい。上腕に厚みを持たせたいボディビルダーにとって、黄金に匹敵するほどの話になるだろう。

　三頭筋はラテン語に由来する。〝tri-ceps〟の〝tri〟には数字の3の意味があり、tri-angle（トライアングル）などの単語に使われている。〝cep〟すなわち〝cap〟は〝頭〟という意味でcaptain（キャプテン）といった単語の一部になっている。つまり、Tricepsは3つの頭という意味になる。その3つには、外側頭、長頭、内側頭がある。

　ひとつひとつ見ていこう。

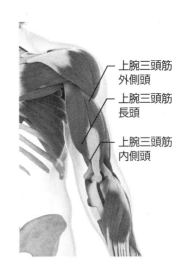

― 上腕三頭筋外側頭
― 上腕三頭筋長頭
― 上腕三頭筋内側頭

　上腕三頭筋の外側を走っているのが外側頭だ――よく開発された腕を特徴づける〝蹄鉄〟（上腕三頭筋のこと）の外側にあり、三日月のようなかたちをしている。上腕三頭筋にある3つの頭はすべて〝押す〟動作に使われるが、外側頭は肘関節のみをまたぐ単関節筋であり、肩関節はまたいではいない。そのため、胴部にある筋肉を活性化させて腕をまっすぐ伸ばすとき（特に、上腕が胴部から離れながらまっすぐになるとき）の補助筋肉として働く。肩帯とここを相乗

的に働かせながら、腕を伸ばして〝押す〟エクササイズには、以下のものがある。

すべての**プッシュアップ**〈特に**クローズ・プッシュアップ（25）**〉
ハンドスタンド・プッシュアップ
ディップス（26）
ブリッジ

　長頭は上腕三頭筋の後ろを走っている盛り上がりで、力こぶをつくると、腕の下にサメの腹のようにぶら下がる筋肉だ。3つの頭の中でもっとも大きく、外側頭と同じように肘関節をまたいでいるが、肩関節もまたぐ二関節筋だ。そのため、肘を伸ばすときだけでなく、肩を使って胴部に向かって上腕を引き下げるときにも使われる（まさにプルアップをやるときの動作だ。そう、プルアップは上腕三頭筋にも働きかけている）。運動学的に考えると、ふたつの関節をまたぐ筋肉は、一方の端がストレッチしているときに、もう一方の端が最大限に動作する。そのため、肘を介して長頭を動作させるには、上腕を上げて胴部から離してストレッチさせ、その体勢をできる限り固定し続ける必要がある。以下のようなエクササイズが該当する。

タイガーベンド・プッシュアップ（27）
タイガーベンド・ハンドスタンド・プッシュアップ（28）
ボディウエイト・エクステンションズ（29）

伝統的なボディウエイト・エクステンションズのマスターステップがこれだ！　もっと簡単な上腕三頭筋ワークにするには、両手を使ったり、グリップを変えたり、バーの高さを変えたり、ひざまずいたり、ウエストの角度を変えたりすればいい。

内側頭は上腕三頭筋の内側にある。肘の隣にあるずんぐりとした小さな塊がそれで、肘の隣に位置しているのは、〝腕をロックアウトさせる〟ときの動作を助けるためだ（とはいえ、この小さな筋肉を活性化するために、腕を完全にロックアウトする必要はない――実際は、腕をやや曲げている状態がベストだ。完全にロックアウトさせると、負荷が上腕三頭筋から骨格構造に移動しやすくなる）。この筋肉に負荷をかけるコツは、どんなエクササイズをやるかにはなく、困難なエクササイズをやることにある。レップス数をクリアするために腕をロックアウトしたい。でも、きつくてそれができない。そんなとき、内側頭に負荷がかかっている。そのため、レップス数を重ねるとタフになるプレスワークを選ぶことがポイントになる。たとえば、

ハンドスタンド・プッシュアップ
ワンアーム・プッシュアップ
ディップス
ストレート・ブリッジ（30）
コリアン・ディップス（31）

などだ。

ブロンクス出身のマービン・エーダーは、とてつもないディッパー（ディップをやるアスリート）だった。脚に2人の男を吊り下げ、合計200キロをディップした。

　3つの頭のどれか、あるいはひとつずつをターゲットにするほどのボディビルダーは目指していない？ OK。実際には、上腕三頭筋の3つの〝頭〟はユニットとして動作するようにデザインされてい

代名詞であるタイガーベンド・ハンドスタンド・プッシュアップをやっているシグ・クレイン。このホールドポジションから腕を立てて逆立ちする！肘の腱や長頭は、通常のプッシュアップや**ニーリング・プッシュアップ (32)** をやっていれば鍛えられているが、キラーエクササイズといえばこれ。

る。そして、3つの頭がチームになるのは、負荷が大きくなったときだ。つまり、体重が最高度にかかるハードなプレスをたくさんやれということになる。〝ビッグ3〟は、プッシュアップ（特に、ワンアーム・プッシュアップ）、ハンドスタンド・プッシュアップ、ディップスになる。もし、もうひとつ加えたいなら、長頭のところでリストアップしたエクササイズを。しかし、まずは、〝ビッグ3〟をハードにやっていれば十分だ。

農民の前腕を取り戻せ

　前腕とグリップのトレーニング方法についてわたしが知っていることはCC2で説明している。そのため、ここで繰り返すことはない。前腕を太くしたいならグリップ・エクササイズをやることが最良の道になる。漸進的に難度を高めていくハンギングタイプの**グリップ・エクササイズ (33)** をやれば、類人猿のような手と前腕ができ上がる。〝握りつぶす〟動作を繰り返すグリッパーは人気の器具だが、親指に負荷がかからない。また、グリッパーを不用意に使うとトルク動作——圧力をかけながら手指関節を極限まで回転させる——によって指と関節を傷めるリスクが高くなる。ハンギングワークであれば、（親指も含めた）すべての指を平等に鍛えることができる。トルク動作にはならないので安全性も高い。

ハンギングワークをやるときは、そこに**指先プッシュアップ（34）**を加えて〝握る力〟と〝開く力〟をバランスさせる。指はとても繊細な器官だ。乱暴に扱うと傷つくので、指先プッシュアップをやるときはできるだけ慎重に。CC2で説明している通り、慈しむように難度を上げていくスタイルをとる必要がある。

以上が基本になるが、そこにカンフースタイルの**アイソメトリック（35）**動作を加えるといいだろう。手や指を緊張させ、緊張させた領域に意識を集中する。その〝緊張〟をスローモーションで動かしていく。動作に制約はないので自由に。この〝動的緊張〟が手や前腕の深組織に負荷をかけ、腱を強くする。待ち時間などを使ってできるし、楽しい待ち時間にしてくれる。

強い手とは、まさに、これだ。

そこは〝腹筋〟じゃないぜ。〝ミッドセクション〟だ

　フィットネス関連のウェブサイトは、どこも〝腹筋〟についての記事を載せている。筋肉雑誌も〝腹筋〟を特集するのが好きだ。それらの浅はかな内容と一線を画すために、わたしのアドバイスは短くシャープなものになる。

　腹筋に対する現代的なアプローチ法からはなにがなんでも距離を置け！その一言に尽きる。雑誌がなにかを主張していたら、即座に、正反対のことをやるようにする。バランスボールの上で腹を鍛えろと書いてあったら、コンクリートの上に倒れ込め。レップなど数えずに腹部の緊張と火照りを感じろと書いてあったら、腹の〝感覚〟など忘れてレップス数のカウントに集中する。腹筋をターゲットにして短い距離をセコセコとばたつかせろ（クラン

チのこと）と書いてあったら、腹筋を中心にした複合エクササイズをやるようにする。

ミッドセクションワークを副次的エクササイズと考えてはいけない。ワークアウトの最後に、心ここにあらずの数セットをときどきやればいいといった態度ではダメだ。逆に、コアこそすべてと、弱い動作を50レップス、それを週5回やり続けるのも愚かなアプローチ法になる。自重力ボディビルダーを目指すなら、ミッドセクション全体を対象にした動作が大きくてタフなワークを選ぶ。そ

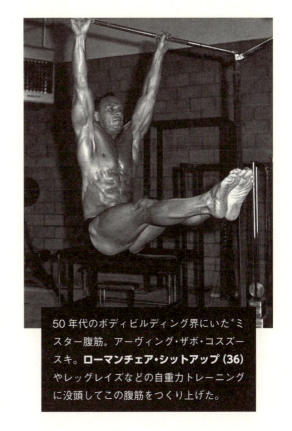

50年代のボディビルディング界にいた〝ミスター腹筋〟アーヴィング・ザボ・コスズースキ。**ローマンチェア・シットアップ (36)** やレッグレイズなどの自重力トレーニングに没頭してこの腹筋をつくり上げた。

れをハードかつ漸進的にやる。プルアップやスクワットと同じように、基礎エクササイズのひとつとして扱うことが最低条件になる。

やるならレッグレイズだ。特に、頭上にあるバーにぶら下がるスタイルがボディビルディングに向いている。レッグレイズは複合エクササイズであり、腹部だけでなく、股関節屈筋（戦ったり、ランニングしたりするときの要になる筋肉）や大腿直筋（瞬発的に膝を伸ばす動作にかかわる筋肉）にも負荷をかける。また、ハンギングポジションをとることで、体の前面にある筋肉チェーンに協働作業を強いるものになる。このチェーンには、グリップ、腕、広背筋、胸郭にある鋸筋や肋間筋が含まれている。これらすべてが発達していく。

クランチのような分離エクササイズに惑わされてはならない。チェーンの一領域だけを強くするエクササイズだからだ。全体の中で一部分だけ強いチェーンをエンジニアがつくったら何が起こるか？ そのチェーンは裂ける。狂ったように〝腹部〟分離エクササイズをやったときに起こるのもそれだ。何かが〝裂ける〟。そのスタイルで腹部を鍛えているトレーニーの背中や腰には痛みがあり、ヘルニアや肋骨痛になったり、膝を悪くしたりする。だから、腹筋を際立つものにしたい時も、ミッドセクション全体を大きく動作させる複合エクササイズを選ぶ必要があるのだ！ 偉大なるアラン・キャルバートの言葉を引用しよう。

> 大腿前部を動作から外し、腹筋を分離して開発することは可能だ。わたしの意見だが、どの筋肉を開発する場合も、これは馬鹿げたやり方になる。筋肉は見栄えをよくするためにそこにあるのではなく、使うためにある。そして、腹筋と大腿前部は協働する構造になっている。つまり、腹筋単体を対象にするより、大腿前部と腹筋を同時に鍛えた方が、より強くなるだけでなく、(皮肉なことに) より開発されて厚くなる。
>
> ──アラン・キャルバート『スーパー・ストレンチ』(1924)

古い時代のアスリートたちは、この真実を理解していた。最初の方で、腹筋について語られる現代的なアドバイスから距離を置けと言った理由はここにある──いつもの暴言だと勘違いされなかったことを祈りたい。そして、もし、あなたがミッドセクションのマスターになりたいなら、推薦したい唯一のマニュアルがある。ダニー・カバドロの『Diamond-Cut Abs』だ。本気でミッドセクションに取り組んでいるなら、蔵書に加えた方がいい。ダニーは古い時代のキャリステニクスを踏襲するアスリートだ。彼の教え方はシンプルかつ健康的であり、見返りが大きい。ダニーの腹部を見れば、彼のトレーニング法が理にかなっていることがわかる。

次の秘訣を。腹筋は〝シックスパック〟だけでできているのではない。それは単なる外層（腹直筋）だ。腹部には三つの層があり、シックスパックの下には斜筋がある。さらにその下には腹横筋が横たわっている。レッグレイ

ズをやれば、腹直筋は完璧なまでに鍛えられる。斜筋は横への動作や回転動作をやると際立ってくる。斜筋に筋肉をつけたいなら、体の側部筋肉をつなぐ〝ラテラル・チェーン〟を鍛えることをお勧めする。ラテラル・チェーン全体を対象にしながらチェーンの一部としての斜筋を開発するのだ。やるのは、**ツイスト（37）** と **フラッグ（38）** だ。少しずつステップアップしていけば、超初心者でもヒーローレベルのツイストとフラッグが身につくだろう。トレーニング法はCC2に書いておいた。

腹部のいちばん深いところにあるのが腹横筋だ。腹腔の内圧を高くして、腹部を背部に向かって引き込む働きがある（この筋肉の動かし方は知っているはずだ。パーティ会場に好みのヒヨコちゃんが入ってきたとき、お腹をへこませるだろう？ そのとき働いてくれているのが腹横筋だ）。ヒヨコちゃんをゲットするときに役立つだけではない。腹横筋は体全体の筋力を決定的に左右する。なぜかというと、わたし達が踏ん張ると――冷蔵庫など何かを持ち上げるときだ――横隔膜が収縮して、腹腔内の圧力がロケット並みに急上昇する。かかってくるその圧力に腹横筋が耐えられないと、腹圧が分割されて腸の一部がはみ出す。それがヘルニアだ。この一点だけを考えても、腹横筋が無視できない筋肉であることがわかる。腹横筋をトレーニングするシンプルなやり方がある。どんなミッドセクションワークをやるときも、ワーク中のひとつひとつのレップで意識的に腹部を緊張させ、きつく背側に引っ込めることだ。それがトレーニングになる。既刊の２冊でも、繰り返しこのやり方をアドバイスしている。

ダニーは腹筋が何かを知っている。

PART 3 〝コーチ〟ウェイドの自重力ボディビルディング戦略

胸筋を増築する

> ホレイショー、この天と地の間には、君の哲学では思いも及ばないプッシュアップが、まだまだあるぞ。　　——ウイリアム・シェイクスピアの言葉（たぶん）

　はるか昔から伝えられてきた、胸筋を根本的につくり直す一撃！　それが、プッシュアップだ。プッシュアップと胸筋は、酔っ払いとストリッパーのように相性がいい。プッシュアップには、

- **インクライン・プッシュアップ（39）**
- **デクライン・プッシュアップ（40）**
- **クラシック・プッシュアップ（41）**
- **椅子の間でのストレッチ・プッシュアップ（42）**
- **ジャックナイフ・プッシュアップ（43）**
- **キャットストレッチ・プッシュアップ（44）**
- **ダイブボンバー・プッシュアップ（45）**
- **ヒンズー・プッシュアップ（46）**

・マルチーズ・プッシュアップ（47）
・リング・プッシュアップ（48）
・アシンメトリカル・プッシュアップ（49）
・スパイダー・プッシュアップ（50）
・アーチャー・プッシュアップ（51）
・トリポッド・プッシュアップ（52）
・プリズン・プッシュアップ（53）

　もちろん、まだまだあるぞ。

　このうちのひとつでもやっているとしたら、胸をトレーニングしていることになる。すべてが複合エクササイズなので安心して取り組むことができる。胸を分離して鍛える自重力エクササイズもあるが——たとえば、体操リングを使ってやる〝フライ（54）〟だ——プレス系トレーニングを漸進的にやった方が、効率的に胸筋を開発できる。いかさまに頼る必要はない。

　胸筋ルーチンは、漸進的プッシュアップに即してつくれ。わたしは常々そうアドバイスしている。自重力アスリートはプッシュアップをやってすくすくと育つ生き物だからだ。しかし、その中からプッシュアップ中の負荷のほとんどを腕や肩にかける男たちが出てくることがある。彼らの腕や肩はどんどん大きくなっていく。しかし、押す動作への胸筋のかかわりが減っていく。プッシュアップ中の負荷を腕や肩が主に担うようになると、胸筋は、過保護の親に守られた子供のようになる。そして、ひ弱にしか育たない。

初代ミスター・オリンピアであるラリー・スコット。胸筋をつくるために〝フライ〟をやっている。

いくらプッシュアップをやっても胸筋が開発されないとしたら、あなたもそのひとりかもしれない。その場合、負荷を漸進的に加えていくディップスが答えになる。足が地から離れるディップスは、プッシュアップよりも、肩、肘、前腕にかかるストレスが大きくなる。そのストレスを受け入れる覚悟があるなら、胸をたくましくしたいボディビルダーにとってディップスは特別なものになる。なぜか？　胸筋を切り開いて深いところにある筋繊維の方向を確認すればその理由——筋繊維のほとんどが、外向きではなく下向きに角度をつけている——が理解できる。それは、胸筋を発達させたいなら、前方に向かって腕を押すより、ディップスをやるときのように下方に押した方がいいことを物語っている。

　少し妙な話ではないだろうか？　胸をトレーニングするエクササイズのほとんどが、腕を胴部から前方に押し出す動作——プッシュアップやベンチプレスなど——に基づいているからだ。ここで、ちょっと考えてみよう。体をそれなりに鍛えている男であれば、80キロの体重があっても、たぶん、何回かのディップスができる。それがディップスへの初挑戦であったとしてもだ。しかし、その男が体重と同じ80キロをベンチプレスしようとしてもたぶん無理だ。これは、前方へと押し出す動作よりも、押し下げる動作の方が、胸筋が強い力を発揮するからだ（押し下げるときは広背筋が肩帯を助けることも理由の一部になっている）。

　ディップス・ガイが、プッシュアップ・ガイよりも見事な胸筋を持つに至る理由がここにある。好例はアル・カバドロだろう。アルは引き締まったアスリートらしい体躯をしているがボディビルダーには見えない。しかし、鎖骨から胸骨にかけての筋肉がとても厚く、深いところから〝立ち上がっている〟。アルが好むエクササイズは、プルアップの最後の段階でバーをディップするマッスルアップだ（ドラゴンドア内で、彼は、マッスルアップの君主として知られている）。プッシュアップに惚れ込んでいるわたしのような男は、上腕三頭筋、前腕、三角筋前部が大きくなる。もちろん胸筋も開発されるが、ディップスに惚れ込む男ほど大きな胸筋にはならない。

胸筋を開発するためのディップス。その最高峰は、水平バー上で行うディップスだ。やり方は以下の通り。水平バーを握って上半身をバーの上に引き上げる（マッスルアップのトップポジションと同じ体勢になる。しかし、エクササイズ中、水平バーの下に全身がくることはない）。そこから腕を曲げて体を沈み込ませ、続いて腕を伸ばす。それを繰り返す。PCC（プログレッシブキャリステニクス認定ワークショップ）ではこれをホリゾンタルバー・ディップスと呼んでいる。通常のディップスは、平行になった2本のバーの間に入り、その2本のバーを押し下げる動作になる。体の横に各々の手がくるこのポジションをとると、力持ちの広背筋が〝押す動作〟を手伝ってくれる（ディップスをやると、胸筋よりも広背筋の方が痛くなるアスリートもいる）。ホリゾンタルバー・ディップスでは、目の前にある水平バーを両手で強く押し下げる動作を繰り返す。ここでのポイントは、両手が前にくると、〝押す動作〟への広背筋のかかわりが小さくなることだ。その結果、負荷の多くが胸筋に移動する。わたしが見てきた限り、2桁のホリゾンタルバー・ディップスができるアスリートで、厚く印象的な胸筋をもたない者はいない。

これが胸筋だ。

　胸筋トレーニングについて、最後のアイデアを。それは、胸が筋肉の集合体であることに留意することだ。年季が入ったボディビルダーになると、〝胸筋〟と一括りにせず、大胸筋と小胸筋に分けて話をすることが多い。大胸筋は、胸の前で何かを抱えるときなど、腕を胴に向かって持ってくるときに働く筋肉だ。一方、ふたつある小胸筋は、肩ソケットを下方、あるいは前方に引く助けをしている。小胸筋は胸上部に深さをつくる。そのため、ボディビルダーにとって無視できない筋肉になる。

ディップスやインクライン・プッシュアップなどの下方へ押す動作をやっていれば小胸筋が鍛えられている。しかし、わたしは、小胸筋を対象にしたもっともすばらしいエクササイズは、実は、ぶら下がること――ハンギング――ではないかと考えている。肩を締めて（緩めて伸ばすのではなく、引き下げる）ぶら下がったとき、その体勢を安定させているのが

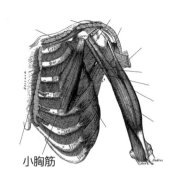
小胸筋

小胸筋だ。そのため、ぶら下がれば、小胸筋が開発されて厚くなる。プルアップ、ハンギング・レッグレイズ、**モンキーバーワーク (55)**、**サイドスウィング (56)**、**ハンググリップ (57)** など、どんなハンギングワークであってもいい。こういったエクササイズに親しめば小胸筋が開発されていくだろう。

　胸と呼ばれる部位には、大胸筋、小胸筋以外にも筋肉がある。わたしたちが〝たくましい胸〟と言うとき、それは、がっしりとした箱のような胸郭をイメージしている。胸郭の中には肺があるが、その肺をふくらませているのは、肋間筋、鋸筋、横隔膜などの呼吸筋群だ。そのため、呼吸を通して呼吸筋群を鍛えて大きくすると胸郭も大きくなる。（1960年代以前の）伝統的な胸筋トレーニングと今のそれとの決定的な違いは、外からは見えない呼吸筋群を大胸筋や小胸筋と同じようにトレーニングしているかどうかにある。

　彼らがやったのはディープブレスだ。ディープブレスをやることでパワフルな胸と肺を持つに至った男たちは、風船のように胸をふくらませて体に巻いた鎖を引きちぎった。湯を満たした湯たんぽを息で吹き飛ばしたり、胴部の上に板を敷き詰め、その上をクルマに走らせたりもした。息切れすることなくスクワットをやり続けることなど朝飯前だった！　サンダウ以降、呼吸に価値を見出したストロングマンたちは、それぞれが独自の呼吸システムを編み出していった（P.158の**ブレス・コントロール (A)** 参照）。

胸に鎖を巻き、スーパーマンのように引きちぎったピエール・ガスニエ。

パワフルで健康的な肩をつくる

　肩のいちばん上を覆う丸くてカップのようなかたちをした筋肉が、開発すると鎧のような屈強さを醸し出す三角筋だ。ルネッサンス期の解剖学者が、ギリシャ文字のデルタ（Δ）に似ているところからdeltoidと命名したらしいが、なかなかいいセンスをしていると思わないか？

　三角筋には、前（三角筋前部）、横（三角筋側部）、後ろ（三角筋後部）に3つの〝頭〟がある。その3つが一緒になって働くこともあるが、それぞれの〝頭〟が異なる角度を受けもっている。

- 上腕を前方へ移動させているときは、三角筋前部が動作している——プッシュアップやディップスなどをやっているとき
- 上腕を頭の方向や頭上など、上方へ移動させているときは、三角筋側部が動作している——ハンドスタンド、ハンドスタンド・プッシュアップ、ブリッジなどをやっているとき
- 上腕を体に向かって、あるいは体の後ろに移動させているときは、三角筋後部が動作している——プルアップ、オージー・プルアップなどをやっているとき

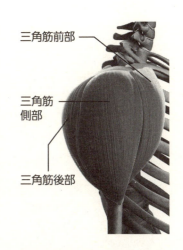

上半身を対象にした自重力エクササイズをやると、三角筋に大きな負荷がかかる。プッシュアップ、プルアップ、ハンドスタンドワークをやっているとしたら、3つの〝頭〟のすべてが開発されている。

　三角筋を大きくしたいときに使える効果的な戦略がある。それは、上半身を対象にしたエクササイズをやるときに手を置く位置を広くとることだ。大ざっぱに言うと、手を置く位置を離せば離すほど、負荷が三角筋に移動していく。逆に、手を置く位置を近づけるほど、負荷が腕に移動する。なぜか？ それは、胴部にある筋肉群が上腕骨の高い位置に接合しているからだ。そのため、（手を肩幅に置いて）上腕を胴部に近づけると、胴部にある筋肉群がエクササイズに参加しやすくなる。どんなエクササイズをやるときも、肩幅に手を置くと最大の強さを発揮できるようになるのはそのためだ。手を置く位置がこれより狭くなると、胴部にある筋肉が動作にあまりかかわれなくなり、その分の負荷を腕（特に、上腕三頭筋）が担うことになる。反対に、肩幅より広くなると、肘（と上腕骨）が胴部から離れ、同じように、胴部にある筋肉が動作にあまりかかわれなくなる。ここで負荷を受けもつことになるのが三角筋だ。

　古典的なプッシュアップを例にとろう。肩幅に手を置いてプッシュアップをやると、腕と三角筋前部にほぼ均等に負荷がかかる。そこから、手の位置を近づけると、同じプッシュアップが、突然、上腕三頭筋に焦点を当てたワークに変わる。次に、手の位置をできるだけ離すと、三角筋（三角筋前部と一体化して動作する胸筋も含む）に負荷が移ることが確認できる。ハンドスタンド・プッシュアップをやる場合も同じだ。手の位置を近づ

けると、肘とその周辺筋肉にフォーカスした離れ業になる。しかし、手の位置を広く取ると、三角筋側部が悲鳴を上げ始める。

　プルアップをやるとき、グリップ間を肩幅より広くとると広背筋を鍛えるワークになるという話はでまかせだ。ここまで説明した通り、広背筋を含めた胴部にある筋肉を鍛えるのは、肩幅にとったグリップだ。グリップを肩幅より広くとってやるプルアップは、肩の後ろ（三角筋後部）を鍛えるエクササイズになる。もし、本気で三角筋後部に筋肉をつけたいなら、グリップ間を広くとったホリゾンタル・プルがベストエクササイズになる。上腕を下方に引くプルアップの場合、動作中に肘が胴部に近づいていく。これが上腕を後方へ引くホリゾンタル・プルになると、肘が胴部から離れたままになる。そのため、三角筋への刺激を持続させることができる。

　胴部の力を360度どの方向へも伝えられるよう、肩関節には、万能ともいえる可動性が備わっている。しかし、その可動性は傷つきやすさを代償にしている。多関節を使う自然な動作から離れて人工的な分離エクササイズをやろうとすると、進化的な意味で許容できない角度から肩関節に重圧がかかる。その当然の結果が、ローテーターカフの損傷、凍りついたように動かない肩、慢性的な痛みに悩まされる肩となって現れる。賢明なアスリートは、分離エクササイズをやるべきではない。ある一部位をターゲットにする場合も、多関節を巻き込むエクササイズを選ぶことで負荷を分散させてほしい。〝体重〟から離れるな。

　ここで現代的なボディビルダーたちが三角筋前部と三角筋後部を対象にしたトレーニングをほとんどやっていない事実を指摘しておきたい。とてつもなく重いものを押したり引いたりしている男たちは、特別な注意を払わずに、三角筋をひとまとめに考えて鍛えている。ボディビルダーが肩のトレー

ニングについて話をするときは、実際には、三角筋側部を話題にしている。その男の肩幅を広げるために、犠牲になっているのがこの〝頭〟だ。そのため、ワークを少し増やすだけでもやりすぎになる。この点がわかれば、少し創造的になれる。静的動作であれば、負荷がよくかかるわりには安全性が高い。三角筋側部をターゲットにするときは、ハンドスタンドとそのバリエーションである**ウォール・ハンドスタンド（58）**、**フリーハンドスタンド（59）**、**非対称ハンドスタンド（60）**、**ワンアーム・ハンドスタンド（61）**を使って鍛える戦略に変えてみよう。腕歩きも、肩にあるキャノンボール（三角筋）を短期間で大きくする動作になる。世界最高の肩エクササイズは、階段を逆立ちで昇ることだと主張する男とトレーニングしたことがある。あなたが、彼のように腕だけで階段を昇るアスリートであれば、わたしが肩トレーニングについてあなたに教えることはもはやなくなる。

年老いてくるにつれ、わたしは壁を利用する監獄スタイルのハンドスタンド・プッシュアップから離れ、伝統的な**ハンドバランシング（62）**をやるようになった。ハンドバランシングは、筋力を高めるだけでなく、筋肉をつけ、筋肉間の協働力を養う。また、驚くほど肩にやさしいので年をとってからでもできる。ボディビルディングにも有効だが、その目的を脇においても興味が尽きないスポーツになるだろう。肩トレーニングのこういった側面をもっと学びたいなら、ハンドバランシングの世界でナンバーワンの

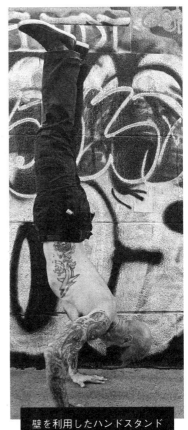

壁を利用したハンドスタンドなら、均衡を保つためにエネルギーを消耗することがない。そのため、筋肉づくりにいい。しかし、壁を使わないことにも利点がある。

男を紹介できる。キャリステニクスのマスターであるローガン・クリストファーだ。その若さにもかかわらず、ローガンは自重力コミュニティ内でよく知られ、また、尊敬もされている人物だ。彼の本、コース、DVDをチェックしてほしい。www.legendarystrength.com

ハンドバランシングとハンドスタンド・プッシュアップの分野でローガンは最高の才能を持っている。さらに、自重力トレーニングについての資料を無料で提供している。自重力トレーニングを真剣にやりたいなら、彼の教えを聞くといい。後悔はさせない。

背中をくまなく成長させる

　背中を開発するときは、それがただひとつの部位ではなく、部位の集合体であることを知っておきたい。背中は、おおよそ以下の4つの領域に分けることができる。

1．上背部：僧帽筋
2．中背部：三角筋後部、菱形筋、肩甲骨筋
3．背側部：広背筋
4．下背部／脊柱：脊柱起立筋

　とはいえ、背中を開発するときも分離トレーニングに用はない。筋肉はチームとして動作するようデザインされている。大きく動作する複合エクササイズをやっていれば各々の領域をターゲットにしたトレーニングは必要なくなる。キャリステニクスのいいところは、どんなトレーニング法よりもたくさんの筋肉を協働作業に引き込むところにある。たとえば〝ビッグ6〟をやっていれば、上の4領域のすべてが開発されている。僧帽筋はハンドスタンド・プッシュアップやブリッジが、広背筋と中背部はプルアップが鍛えてくれている。そして、ブリッジほど、脊柱起立筋に働きかけるものはない。しかし、背中の中で際立たせたい部位があるかもしれないので、各々の領域をもう少し掘り下げて見ていきたい。

広背筋

プルアップ以上に、広背筋を広くするエクササイズがあるだろうか？ あるはずがない！ わたしはすべてのアスリートに、背中をトレーニングするときは、（垂直移動する）プルアップを支柱に据えるよう教えてきた。プルアップは、次に説明する中背部にもいくらか働きかけるが、どこよりも広背筋をたくましくするエクササイズになる。ジムにいるトレーナーでさえ、広背筋を取り戻したいときにはプルアップバーに向かうだろう。頭を悩ます必要はない。幅が広い背中をつくりたいなら、漸進的なプルアップをやることが答えになる。

中背部

中背部にある筋肉――三角筋後部、肩甲骨筋や菱形筋、僧帽筋下部――が発達してくると、背中に美しい〝ディテール〟が描かれていく。それが成長して厚さを増してくると、肩甲骨周りを蛇が渦巻いているように見えてくるため、中背部にある筋肉群はボディビルダーたちからとても愛されている。通常のプルアップをやっていても開発されるが、プルアップだけに頼ると道のりが長くなる。ここを開発するのにもっとも適しているのは**ホリゾンタル・プル（63）**だ。通常のプルアップは、主に、体を垂直に引き上げる筋肉――広背筋――を開発する。ホリゾンタル・プルは、〝引く筋肉〟の中でも、中背部にある、水平にしたときの体を引き上げる筋肉にワークをシフトさせる。そのため、ビッグ6のプルアップシリーズが板についたらホリゾンタル・プルをルーチンに加えるといい。通常のプルアップとホリゾンタル・プルは同じルーチン内に無理なく同居させることができる。

わたしは、すべての生徒に、残忍ともいえる高レップスのホリゾンタル・プルを課してきた。それは、今の男たち――ウエイトリフターであろうがカウチポテトであろうが――の体が、後ろから前を目指す機能に特化して使わ

れているからだ。誰もがいつも前へ手を伸ばしている。ベンチプレスしているときもそうだし、ネットサーフィンしているときもそう。テレビを遠隔操作しているときもそうだ。一方で、体を引くことがない。押す筋肉がいつもスイッチオンなのに、拮抗筋——木を登るために発達した引く筋肉——はいつもオフで、そのまま、無に向かって退縮している。慢性的な肩の不調に悩む現代人が多いのは不思議な話ではない。肩帯を境に、そこから前の筋肉と後ろの筋肉がアンバランスになっているからだ。通常のプルアップにホリゾンタル・プルを加えることが解決策になる。体というシステムを〝初期状態〟に戻して肩帯をバランスさせる。それができてこそ、全身の筋量と筋力を増やす準備がととのう。プルアップシリーズで最初に初歩的なホリゾンタル・プルを学んでもらうのも、それが理由になっている。

バーの下（down under）に体を位置させることから、アル・カバドロは、ホリゾンタル・プルをオーストラリアン・プルアップと呼んでいる（赤道の下にあるオーストラリアやニュージーランドは down under と呼ばれることがあるからだ。オーストラリアン・プルアップの愛称はオージーで、オーストラリア人と同じだ）。オージーも、漸進的にステップアップしていくシリーズにできる。最初は、足を地につけ、背が高い水平バーを使う。バーの位置が高いほど、体の上げ下げが楽になる。そこから、バーの位置を低くしていき、最後は、バーの位置よりやや高いところに足をかけたオージーにトライする。マスターステップは、ワンアーム・オージー・プルアップだ。両手を使って水平バーの下に体を位置させ、両足を宙に浮かせたフロントレバーの体勢でオージー・プルアップをやるモンスターもいる。

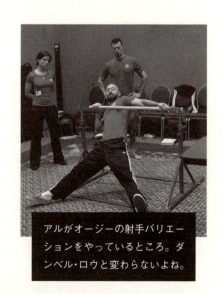

アルがオージーの射手バリエーションをやっているところ。ダンベル・ロウと変わらないよね。

下背部と脊柱

　脊椎筋を鍛えているときに、かろうじて〝下背部〟を思い出すボディビルダーが多いようだ。しかし、それは誤りだ。脊椎筋（脊柱起立筋）は、実際には、股関節から頭蓋骨へと連なる脊柱に沿って存在する。そのため、股関節を蝶番のように一方向に曲げるワークをやるだけでは、脊椎筋を完全に動かすことはできない。完全に動かすには脊柱をくまなく曲げる必要があり、それを可能にするエクササイズはブリッジだけだ。ブリッジは、脊柱周りの深層筋を完璧に動作させるだけでなく、椎間板を防弾するエクササイズになる。しかも、凹形になったときの椎間板に負荷がかかるので安全性が高い。CC1では以下のように説明している。

> 　ブリッジをやって脊柱を後ろに反らすと脊椎筋が働く。このとき、椎骨どうしが近づき、椎骨間が狭くなる。外部荷重をかけさえしなければ、きわめて安全な姿勢になる。一方、バーベルエクササイズは、脊柱を丸めるように前へ曲げる。椎骨間が広がるので、その状態で極端な外部荷重を扱うと、椎間板が割れたり飛び出したりするリスクも生じる。特に、グッドモーニングは、脊椎の間に重い外部荷重を乗せるので、バーベルを動かしているときにケガを負いやすくなる。無敵のブルース・リーもグッドモーニングをやって背中をひどく痛めている。1970年のことだ。もうカンフーができなくなると医師から宣告されたが、キャリステニクスを使って治癒させ、復帰を果たしている。
>
> 　　　　　　　　　　　　　　　　　　　　　『プリズナートレーニング』第9章より抜粋

　CC1で、わたしは、究極のブリッジである〝スタンド・トゥ・スタンド〟に至るシリーズを紹介している。まっすぐ立ったところから後方に体をのけぞらせ、手のひらを床面につけてブリッジをかける。そこから動作を反転させ、もとのまっすぐ立った体勢に戻る。これが、スタンド・トゥ・スタンドだ。下背部に筋肉をつけるだけでなく、バランス力と筋肉の協働力を開発するエクササイズになる。しかし、筋肉をつけることが主目的なら、ゲッコー・ブリッジ——片手と、反対側の片足で体を支えるブリッジ——の方が優れている。床面から体を押し上げたり押し下げたりする動的なゲッコー・ブリッジにすれば、脊椎筋を構築するためのベストエクササイズになる。

アルがやすやすと演じるゲッコー・ブリッジ。
実は、PCCのマスターステップだ。

　体幹全体をまっすぐに保つ**フロントレバー（64）**と**バックレバー（65）**も脊椎筋を開発するエクササイズになる。普通は、自重力アスリートが静的ホールドとしてやるものだが、体幹を上げたり下げたりしてレップを重ねる動的スタイルにするとボディビルダー用になる。バックレバーを動的スタイルにすると、下背部をとてつもなく肥厚させる。しかも、鋼鉄のように硬くする。脊椎筋に大きな筋力をつけることにもなる。

　DVD『Convict Conditioning, Volume4:Advanced Bridging, Forging an Iron Spine』の中で、わたしはインバース・ハイパーエクステンションズを指導している。最初にヘッドスタンドをやり、あまり膝を曲げることなく、床に向かってつま先を下ろしていって着ける。そこから、ヘッドスタンドの体勢に戻る美技で、下背部と脊椎筋に筋肉をつける最高のエクササイズになる（この技術は、壁を利用したハンドスタンドの体勢からでもできる。しかし、ターミネーター並みの脊椎筋が必要になるだろう）。

　デッドリフトが体の後ろにある筋肉チェーンを鍛える唯一無二の方法だと教えられてきたトレーニーは、アル・カバドロの記事を参考にしてほしい。

　デッドリフトに代わる自重力トレーニング
　http://www.alkavadlo.com/2012/09/04/bodyweight-deadlift-alternatives/

バックレバーなら、背中を痛めることなく脊椎筋を開発できる。

ふくらはぎを実らせろ

　ふくらはぎを鍛えるための理論とエクササイズについては、CC2で語り尽くしている。そのため、ふくらはぎに筋肉をつけたいときは、そこに第2章「監獄ボディビルダーになるための十戒」を適用してもらえばいい。CC2の繰り返しになるが、基本を確認しておきたい。

　ふくらはぎは初心者が〝脚の日〟にトレーニングするもの。ボディビルディング・プログラムに目を通すと、プログラム作成者のほとんどがそう考えていることがわかる。脚を鍛えていればついでにふくらはぎも鍛えられているとそこを軽く扱っているが、それは違う。マシンとバーベルスクワットだけでは十分に鍛えられていないため、追加のワークが必要になるのが実情だ。一方、ワンレッグ・スクワットに向かってステップアップしていく自重力アスリートであれば心配はいらない。深いところまで完全にしゃがみ込むスクワットをやっていれば、(ふくらはぎを含めた) 下腿全体に満遍なくワークが届いていくからだ。

　足裏を完全に平らにしてしゃがみ込むスクワットは、足首とふくらはぎに、筋緊張させたときの柔軟性 (しなやかな強さ) を求めるものになる。スクワットのボトムポジションで足首が曲がった状態をスポーツ科学者は〝背屈〟と呼ぶが、この背屈を維持するのに必要なのが、前脛骨筋 (すねにある筋肉) のパワーと、足首と足全体の筋力だ。その体勢から体を押し上げると

足首が伸び、ふくらはぎの筋肉（ヒラメ筋と腓腹筋）に大きな負荷がかかる。この動作を繰り返せば、ふくらはぎの筋量が増えていく。地に尻が着きそうになるワンレッグ・スクワットまでいけば、ふくらはぎにかかる負荷が最大化する。

　ワンレッグ・スクワットが20レップスできるようになれば、しなやかでパワフルなふくらはぎができている。外見的にも大きくて立派になっているだろう。足首とアキレス腱が防弾され、衝撃を受けても耐えられるものになる。このように、ふくらはぎに筋肉をつけたいなら、ワンレッグ・スクワットに向かってスクワットシリーズをステップアップしていくことが最初のミッションになる。ダイヤモンドのようなふくらはぎに育っていくことから、これ以外のエクササイズを必要としないと感じるアスリートは多い。

　ふくらはぎの大きさには、遺伝的要素が影響してくる。大きく成長する可能性だけでなく、筋肉の長さといった点にもそれが現れる。たとえば、比較的〝短い〟ふくらはぎを持つ兄弟(ブラザー)がいる。特に、アフリカ系アスリートに多く、ふくらはぎにある大きい方の筋肉──腓腹筋──の〝腹〟が短くてずんぐりしている。トニー・ピアソンのような黒人系ボディビルダーを観察すると、ほかのすべての筋肉は発達しているのに、ふくらはぎだけは、膝の下にはまったテニスボールのように見える。いくらがんばっても、努力に応えてくれるだけの筋肉がそこにはない。もちろんこれは一般論であり、セルジオ・オリバのように、長く大きなふくらはぎを持つ黒人系ボディビルダーもいる。運動能力的な観点からいうと、短い

インドのマッスル・コントロールの専門家、チャンチャル・プロサドのふくらはぎ。1930年代の写真。体重だけで開発した見事なふくらはぎだ！

PART 3 〝コーチ〟ウェイドの自重力ボディビルディング戦略　73

ふくらはぎが問題になることはない。ふくらはぎが短くても人並み外れた運動能力を発揮するスプリンターはザラにいる。足首のパワーを決めるのが、ふくらはぎの大きさではなくアキレス腱の弾力性だからだ。短いふくらはぎの方が運動能力を高めると主張する人がいるほどだが、ふくらはぎが短い方がいいという議論はボディビルディングの世界では起こり得ないだろう。

プログラムに特別なふくらはぎトレーニングを加えるなら、体重を使ったカルフレイズがいいことはCC2で説明している。体を運ぶというエクササイズを、日々、途方もない数こなすことで進化してきたのがふくらはぎだ。そのためふくらはぎを育てるには、(数百レップスといった) 高レップス数が必要になる。カルフレイズをやる場合も、愚直な高レップス数の追求が課題になる。また、漸進的に難度を高めていくこともできる。平らな場所から段差がある場所に移り、かかとを外して動作域を大きくしたり、まっすぐにしていた膝を少し曲げたりすれば難度が高まる。CC2では、こういった〝強壮剤〟を使ってシリーズをつくる方法についても説明している。

ふくらはぎは、爆発力を備えた筋肉でもある。そのため、以下のような爆発的ワークをやることでも筋肉がつく。

・スプリント
・**丘スプリント**（特にこれがいい）**(66)**
・**プライオメトリック・ジャンプ (67)**
・**ボックス・ジャンプ (68)**
・**デッド・リープ (69)**
・**タック・ジャンプ (70)**

ボディビルディング的な意味での効果を高めるコツは、ゆっくり行うワークと爆発的に行うワークをミックスさせてふくらはぎを攻めることだ。こういった〝ショック〟ワークアウトのやり方は以下を参考にしてほしい。わたしが監獄内でやっていた方法だ。

積み上げた本の上に乗り、かかとを本から外す。そこから、深いところまでゆっくり降りる両脚カルフレイズを100レップス目指してやる。20レップスあたりでふくらはぎが燃え始める。50レップスになると苦悶が始まり、100レップスに達すると泣き叫びたくなる。その痛みと疼きに耐えながら300レップスを目指す！ すぐに本から飛び降り、その場で、膝を曲げてできるだけ高く跳ねる跳躍を1分間。永遠のように思える1分間になるだろう。5センチすら跳べなくなるが、ここで終わりではない。次はその場でやるスプリントだ。それも、できるだけ速く。1分間を目標に設定していたが、できた試しがなく、30秒で床に崩れ落ちることが常だった。

（効果は保証するが）こういった野獣じみたトレーニングは、コンディションがととのっているときに限り挑戦してほしい。それに耐えられれば、数週間でふくらはぎに頑強な2～3センチを加えることができる。週1回の頻度で数か月続ければ、今までのソックスが履けなくなるところまでふくらはぎが大きくなるだろう。

ブルートのような首と僧帽筋を

前腕やふくらはぎと同じように、もともと見事な首は、遺伝的にもたらされた贈り物だ。運命には逆らえないが、そこに鉛筆のような首が座っていたら、誰かにへし折ってもらいたくなる。ましてや、ボディビルダーを目指すなら首のワークが必要になる。首は年がら年中、人目にさらされている部位だ。今のボディビルダーたちは首をあまりトレーニングしないが、わたしにとって、それは、現代ボディビルダーの七不思議のひとつであり続けている。

伝統的な考え方に傾倒していた昔のボディビルダーたちは、大きくなっていくほかの部位との比率を保ちたいという美的観点から首を開発したものだ。シンメトリーの巨匠、レオナルド・ダ・ビンチは、首周り、腕周り、ふくらはぎ周りのサイズが同じであることが完璧な人間の体だと規定した。こういった比率の完璧性にこだわるプロボディビルダーは絶滅したが、過去には、そこに達した者もいた。もっとも有名なのが、1947年のミスター・アメリカになったスティーブ・リーブスだ。首周り、腕周り、ふくらはぎ周りがおよそ45センチと同じで、それを誇りにしていた男だ。シンメトリーという意味で、完璧な体に到達したボディビルダーのひとりだと言える。ルックスもととのっていたので映画界に進出し、一時は、ヨーロッパでもっともギャラが高い俳優のひとりになった。今では当たり前のようにボディビルダーがスクリーンに映し出されるが、1950年代に、完璧なプロポーションをつくり上げ、男たちから賞賛され、女たちの憧れの的になった映画スターがいたのだ。そこに彼の首が一役買っていたことは間違いがない。

　まずまずの首と僧帽筋がほしいなら、ビッグ6のブリッジ、あるいは、**ハンドスタンド（71）**や**ヘッドスタンド（72）**をやればいい。特にハンドスタンドは、首と肩の間にある僧帽筋上部を開発するすばらしいエクササイズになる。ハンドスタンドから進んで逆立ち歩きができるようになれば、僧帽筋を全アングルから開発できる。男子体操選手たちは印象的な僧帽筋を持っているが、それは、彼らが人生の半分を上下逆さにして生きているからだろう。

リーブスの完璧なプロポーション。
首と上腕二頭筋の比率が1：1だ。

ジムにいるボディビルダーが僧帽筋を鍛えるときは、バーベルやダンベルを手にし、肩をすくめる動作を繰り返す。同じようなやり方が自重力トレーニングの中にもある。ハンドスタンド・シュラッグスがそれだ。壁に向かって逆立ちになり、肩を深くすくめる。最初は、浅くしかできないしムラがある。しかし、時間をかけてトレーニングすれば、可動域いっぱいの完璧なシュラッグができるようになる。深くゆっくりとした動作で20レップス2セットを目指す。それができるようになる頃には、豆を詰めてふくらませたような僧帽筋になっている。

　首を太くしたいとしても、ジムにある断頭台のようなマシンや頭痛の原因になるヘッド・ストラップには目を向けるな。全部、ゴミだ。ブルートのような首を目指す上で、もっとも安全かつ自然の理に乗っ取り、生産的な技術。それが**レスラーブリッジ(73)**だ。ボクサーやレスラーといった格闘家たちが紀元前の昔から汗を流してきたエクササイズであり、これにとどめを刺す。首の前、後ろ、横に満遍なく筋肉がつくこの技術についてはCC2で説明している。わたしが知っていることのすべてをそこに記してある。

アルの頸部トレーニングにアドバイスは必要ない。

PART 3　"コーチ"ウェイドの自重力ボディビルディング戦略

PART 4
OK、やり方はわかった 次はプログラムを

キャリステニクスに基づいたボディビルディング——トレーニーたちとこのテーマについて話を始めると、いつも、どんなルーチンでやったらいいかという現実的な質問へとつながっていく。

答えは明白——ボディビルディング・ルーチンだ。

体重を使って体に筋肉を詰め込もうとするとき、（同じように体重を使って鍛える）体操選手、武道家、ダンサーなどのトレーニング法を手本にしてはならない。技術に基づく強さや離れ業に到達するのが目的ではないから

並行バーや水平バー、地面や床を使ってトレーニングするアル・カバドロ。自分の体をバーベルにしている。

だ。求められるのは彼らとは違うマインドセットであり、第1章で説明した通り、ボディビルダーのように筋肉系トレーニングを心がける必要がある。ジムにいるボディビルダーとの唯一の違いは、彼らがツールとしてバーベルやマシンを使うのに対し、あなたが使うツールが自分の体になることだ。そのため、体そのものをジムに変える技術を学んでいくことがポイントになる。

このマニュアルの目的は、体重を利用したボディビルディング理論を伝えることにある。そのため、何十ものプログラムをリストアップしても助けにはならない。そこで、いくつかの基本的なプログラムを例に挙げるにとどめ、背景にある原則を説明していきたい。そうすれば、自分に合ったプログラムをつくれるようになるだろう。魚を一尾もらえば今日は困らない。しかし、釣り方を学べば一生食っていけるというものだ。

プログラミング・ライン：シンプルなものから複雑なものまで

ボディビルディング・プログラムには、グラフ化すると直線に近い右肩上がりのラインを描く特徴がある。直線上の低い位置にもっともシンプルなプログラムがあり、高い位置にもっとも複雑なプログラムがある。これはプログラミング・ラインと呼ばれるもので、基本グラフは以下のようになる。

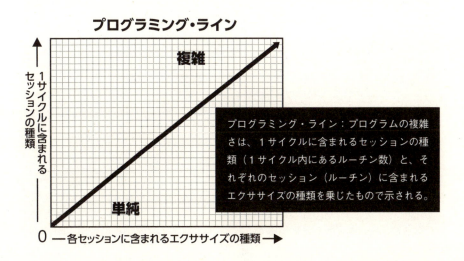

プログラミング・ライン：プログラムの複雑さは、1サイクルに含まれるセッションの種類（1サイクル内にあるルーチン数）と、それぞれのセッション（ルーチン）に含まれるエクササイズの種類を乗じたもので示される。

すべてのプログラムは、前ページのグラフのどこかに落ち着く。典型的なボディビルディング・プログラムも、シンプルだったり複雑だったりするプログラムもこのライン上のどこかにある。

　もっともシンプルなプログラムの特徴は、

・1サイクルに含まれるセッションの種類がもっとも少ない
・1セッションに含まれるエクササイズの種類がもっとも少ない
・概して、(複数関節を対象にした) 複合エクササイズになる

　対照的に、もっとも複雑なエクササイズの特徴は、

・1サイクルに含まれるセッションの種類がもっとも多い
・1セッションに含まれるエクササイズの種類がもっとも多い
・概して、(単関節を対象にした) 分離的エクササイズになる

　通常、ボディビルディング初心者はシンプルなプログラムを、中級者と上級者は複雑なプログラムを使うようアドバイスされる。

シンプルさが複雑さを打ち負かす！

　で、どちらを選んだ方がいいか？　エクササイズの種類を限定し、セッション数も少なくするシンプルなプログラムか、多種類のエクササイズを、セッション数を多くしてやる複雑なプログラムか？

　ボディビルダー初心者は、複雑なプログラムに飛びつきたがる。雑誌に載っている複雑なルーチンを必死で覚えてそれにトライする。確かに、派手だし、おもしろそうに見える。高度なルーチンに従うほど、どんどん体がつくられていく。そう思うよね？

　しかし、実際は――単なる生理学上の現実なのだが――できるだけシンプルなプログラムに従ったほうがいい。なぜか？　理由は3つある。

理由1　同じエクササイズをやる頻度が増す

　1サイクルに含まれるセッションの種類を少なくする。それは、同じエクササイズをやる頻度が増すことを意味する。そのため、あるエクササイズが対象とする筋肉群の発達を早めることができる。スクワット、プルアップ、プッシュアップの3つで構成されるセッションを週3～4回やるプログラム（P.87）について考えてみよう。つまり、1サイクル内でたった3つのエクササイズしかやらない。同じエクササイズを2～3日ごとに繰り返すプログラムだ。プルアップを例に取ると、週につき3～4回の頻度になる。複雑な3ウェイ・スプリット・ルーチン（P.90）と比較してみよう。こちらのプログラムを選ぶと、サイクル内でのエクササイズの種類は多くなるが、プルアップは5日に1回の頻度になる。どちらのプルアップが進歩するかは明白だ。

理由2　焦点がブレない

　1セッションに含まれるエクササイズの種類を減らせば、習得しなければならない技術が少なくすむ。多種類のエクササイズに集中力とエネルギーを分散しなくていいので、体が開発される速度が劇的に速まるだろう。プル

アップだけをやっている男と、プルアップのほかに5種類のエクササイズをやっている男がいるとする。プルアップにより多くのエネルギーを投入できるのはどちらか？ 間違いようがない話だ——わたしたちの体は、あれやこれやと多くのことをやるエネルギーを持ち合わせてはいない。やる価値が高いエクササイズにエネルギーを集中する。このスタイルを極めれば極めるほど、それらのエクササイズから得る見返りが大きくなる。それが、ボディビルディングというゲームを攻略するカギになる。

理由3 トレーニング効率が上がる

　シンプルなルーチンは、動作が大きくて、複数の筋肉と複数の関節を対象にしたエクササイズで構成されることが多い。動作に巻き込む筋肉が増えるため、より多くの筋肉を開発するものになる。さらに、協働して動作するよう筋肉に教え込むため、筋力がつくのも早い。筋力が増すと、次のトレーニングで、より多くの負荷をかけられるようになり、それがさらなる筋肥大をもたらす。複雑なルーチンの方は、もう少し細かく分類化した筋肉がターゲットになる（従来のボディビルディングでは、たくさんの単関節エクササイズでプログラムを構成することになる）。そのため、シンプルなルーチンがもたらすほどのトレーニング効率が得られない。努力に見合う筋肉の爆発をアスリートにもたらすのはシンプルなルーチンの方だ。

　以上だ。動作が大きく、たくさんの筋肉を巻き込むエクササイズを種類を限定してプログラム化する。あなたが目指すシンプルなプログラムとはそれだ。迷うことはない。

いつプログラミング・ラインを上げるか？

　シンプルで基本的なルーチンがベストであるなら、なぜ、ボディビルダー上級者は、複雑なプログラムに従おうとするのか？ それは、異なる部位を異なるセッションで攻め、しかも、多種類のエクササイズで攻めるものだ。以下を参照して考えてほしい。

● 伝統的なスタイルについて

　上級ボディビルダーの全員が、極度に複雑なルーチンに従っているわけではない。シンプルなルーチンに固執し、そのスタイルで成長しようとするボディビルダーも少なくない。昔（体を使って労働することが普通だった頃だ！）は、間違いなく、それが真っ当なやり方だった。最高のボディビルダーであるジョン・グリメック、スティーブ・

"巨人"クラレンス・ロス。彼をはじめとする1950年代のトップボディビルダーのほとんどが、全身を対象にしたルーチンを週3日やるだけだった。

リーブス、レッグ・パークなども、部位ではなく、全身を対象にしたシンプルなルーチンを週3日やるだけだった。

● 競技会前用のプログラムとして

　現代の一流ボディビルダーでさえ、普通の人が考えているよりもシンプルなプログラムを使っている。雑誌やネットで見かける極度に細分化されたスプリットルーチンは、競技会前に欠点をカバーし、完璧な体躯にするための内容であることが多い。つまり、本質的には筋肉を増やすためのものではない。じゃあなぜ雑誌に載るのか？　それは、ウブな初心者に洗練されたことをやっているように感じさせるためだ！　複雑なプログラムを使っているボディビルダーさえ、筋肉を早く成長させたいときはシンプルなプログラムに戻るものだ。

● 低下するトレーニング頻度を埋めるために

　信じられないかもしれないが、ボディビルダーは、体が大きくなるほど、そして、上級者になるほどトレーニングができなくなる。50キロをベンチプレスできるようになった初心者は、週3回プレスするようになるだろう。で、200キロをベンチする男は？　週3回なんてとんでもない。それでは、

関節、軟組織、回復システムにストレスがかかりすぎる。先に述べた通り、プログラムを複雑にするほど、実際には、特定のエクササイズをやる頻度が下がっていく——動作が大きく、複数の筋肉を対象にしたエクササイズを正しいフォームでやる場合は、特に、多くの回復時間が必要になるだろう。そのため、負荷がより軽い分離エクササイズをそこに組み合わせようとする。

● 成長への呼び水にする

　上級者になるほど、筋肉という見返りが減っていく。体の開発が進めば進むほど筋肉がつきにくくなるからだ。そのため、あまり成長をもたらさなくなった基本的なエクササイズで構成されたシンプルなルーチンから離れて、さまざまな変数——トレーニング量を増やす、今までとは違うエクササイズをやるといった——を探るようになる。ルーチンに複雑さを持ち込み、成長するための呼び水にしようとするのだ。もっとも、実際に効果があるのか、心理的なものに過ぎないかは別の話になる。

● 角度をつけてトレーニングする

　10年以上トレーニングを積んだベテラン・ボディビルダーは筋量が限界に達していることが多い。そうなると、基本的なエクササイズを減らし、筋肉を増やす可能性が残っている別の角度から負荷をかけるようになる。潜在的な可能性をできる限り引き出す、あるいは、今までのトレーニングでやり残した小さな〝弱点〟を補うためだ。

● バラエティを求めて

　飽きも複雑なプログラムを求める理由になる。基本的なエクササイズをハードかつ漸進的にやっていくのは、タフ以外の何ものでもないトレーニングスタイルになる。基本的なエクササイズのまま運動量を増やすより、ある部位をターゲットにした別のエクササイズを加えて運動量を増やす方が、目新しいし、おもしろいトレーニングになる。

　このように複雑なプログラムを使うのには理由がある。そして、ボディビルディング入門者なら、できるだけシンプルなプログラムを使えというのが

結論になる。複雑なプログロムを採用するよりも早く筋肉がつくからだ。しかし、プログラム・ラインを上げ、もっと複雑なプログラムに移った方がいい場合もある。すでに望んでいたような体になっている。そこからさらに完璧な体を目指したい。あるいは、気になっている部位に、もう少し筋肉を加えたい。そんなとき、基本的なエクササイズを死ぬほどやっても意味はないし、トレーニングのやり過ぎになる。トータルボディ・ワークアウト（P.87）から、上半身／下半身スプリット（P.88）に進むのはこんな時だ。そうすれば、望む変化が始まるだろう。

プログラムテンプレート

　プログラムのつくり方についてはCC1で詳しく説明している。しかし、ここでも基本的なテンプレートをいくつか示したい。出すぎた真似になるかもしれない。しかし、わたしは、あなたの成長を心の底から望んでいる。参考にしてもらえたらうれしい。

● 新人のためのノート：プログラムの中で紹介しているエクササイズは、漸進的にステップアップしていく自重力トレーニングを指している。たとえばプッシュアップ・プログレッションと書かれていたら、筋力がつくに従ってタフさを高めていくプッシュアップをやれという意味になる。漸進的トレーニングのやり方は、CC1とCC2、アル・カバドロの『Pushing the Limits!』と『Raising the Bar』などを参照してほしい。PCCのブログも参考になる。pccblog.dragondoor.com に行き、女性アスリート、アドリアンヌ・ハーベイ（Adrienne Harvey）の記事や過去記事をチェックしてほしい。

● "上腕三頭筋エクササイズ"などと部位だけが指定され、エクササイズ名がないテンプレートもある。それは、その領域についてのエクササイズを自分で選べという意味だ。部位ごとに何をやったらいいか、もっとも優れたエクササイズが何かは、第3章で説明している。そこから選んでほしい。

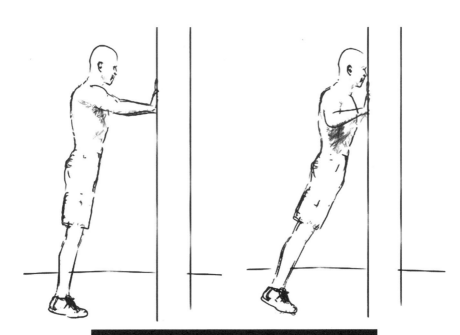

漸進的プッシュアップには、**ウォール・プッシュアップ（74）**も**ワンアーム・プッシュアップ（75）**もある。一方は簡単だが、もう一方は本当にタフだ。このふたつのトレーニングの間に、何十もの段階に刻まれたプッシュアップがある。そこから自分の能力に見合ったものを選べばよい。

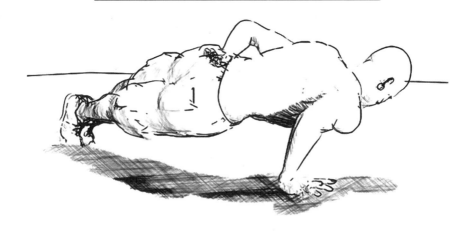

トータルボディ1

1日目
・スクワット・プログレッション
・プルアップ・プログレッション
・プッシュアップ・プログレッション

2日目
・オフ

これを繰り返す

注意：ビッグ6の最初の方のステップをやっているほやほやの初心者だと、これでもトレーニング量が多いかもしれない。杓子定規に考える必要はない。月曜、水曜、金曜を〝1日目〟にあて、土曜、日曜は完全なオフにして回復にあてるといい。

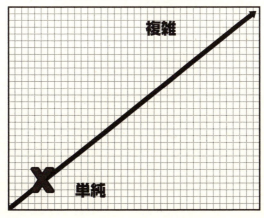

プログラミング・ライン

トータルボディ2

- スクワット・プログレッション
- プッシュアップ・プログレッション
- シットアップ・プログレッション
- プルアップ・プログレッション
- ブリッジ・プログレッション
- インバージョン・プログレッション（ハンドスタンドなど）

- オフ

これを繰り返す

上半身／下半身スプリット1

- プッシュアップ・プログレッション
- プルアップ・プログレッション
- インバージョン・プログレッション（ハンドスタンド・プッシュアップなど）

- スクワット・プログレッション
- ブリッジ・プログレッション
- レッグレイズ・プログレッション

- オフ

これを繰り返す

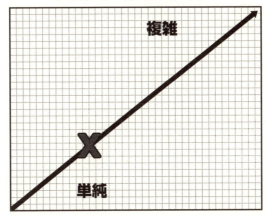

UPPER/LOWER BODY SPLIT 2
上半身／下半身スプリット2

- プッシュアップ・プログレッション
- プルアップ・プログレッション
- ハンドスタンド・プッシュアップ・プログレッション
- オーストラリアン・プルアップ・プログレッション

2日目
- オフ

- ふくらはぎエクササイズ
- スクワット・プログレッション
- ブリッジ・プログレッション
- レッグレイズ・プログレッション

4日目
- オフ

これを繰り返す

3ウェイ・スプリット1

- ハンドスタンド・プッシュアップ・プログレッション
- プッシュアップ・プログレッション
- 上腕二頭筋エクササイズ
- ハンググリップ・プログレッション

- スクワット・プログレッション
- ブリッジ・プログレッション
- レッグレイズ・プログレッション
- ふくらはぎエクササイズ

- プルアップ・プログレッション
- オーストラリアン・プルアップ・プログレッション
- 上腕三頭筋エクササイズ
- 指先プッシュアップ・プログレッション

- オフ

これを繰り返す

3ウェイ・スプリット2

- プッシュアップ・プログレッション
- ハンドスタンド・プッシュアップ・プログレッション
- ディップス
- 上腕三頭筋エクササイズ
- 指先プッシュアップ・プログレッション

- オフ

- プルアップ・プログレッション
- オーストラリアン・プルアップ・プログレッション
- マッスルアップ・ワーク
- 上腕二頭筋エクササイズ
- ハンググリップ・プログレッション

- スクワット・プログレッション
- ブリッジ・プログレッション
- レッグレイズ・プログレッション
- ボックスジャンプまたはスプリント
- ふくらはぎワーク

- オフ

これを繰り返す

4ウェイ・スプリット1

1日目
プッシュアップ・エクササイズ1
ハンドスタンド・プッシュアップ・プログレッション
プッシュアップ・エクササイズ2
肩のエクササイズ
首のエクササイズ

2日目
ミッドセクション・ワーク
ふくらはぎワーク
スクワット・プログレッション
大腿四頭筋エクササイズ
ハムストリングス・エクササイズ
スプリント／ジャンプ

3日目
プルアップ・プログレッション
ホリゾンタル・プルアップ・プログレッション
各種ブリッジ
別のバーエクササイズ

4日目
上腕二頭筋ワーク
上腕三頭筋ワーク
グリップ／前腕ワーク

5日目
オフ

これを繰り返す

4ウェイ・スプリット2

ふくらはぎワーク、ハムストリングス・エクササイズ
スクワット・プログレッション、大腿四頭筋エクササイズ
ミッドセクション・ワーク、スプリント／ジャンプ

プッシュアップ・エクササイズ1
プッシュアップ・エクササイズ2
ディップス、上腕三頭筋エクササイズ
指先トレーニング、ディープブレス・エクササイズ

フロントレバー（バックレバー）・トレーニング
プルアップ・エクササイズ1、プルアップ・エクササイズ2
ホリゾンタル・プルアップ・プログレッション
上腕二頭筋エクササイズ、各種ブリッジ

ハンド・バランシング
肩のエクササイズ、首のエクササイズ
グリップエクササイズ1、グリップエクササイズ2

オフ

これを繰り返す

プログラミング・ライン

複雑

単純

PART 5
トラブルシューティング 筋肉を成長させるためのFAQ

キャリステニクスを使って筋肉を構築する方法を理解してもらえただろうか？ もちろん、質問があるだろう。すべてをここで撃ち落とそう。

Q なぜ、体重なのか？ ウエイトやマシンではいけないのか？

A それもいいだろう。ウエイトやマシンを使ったトレーニングにも、このマニュアルで説明してきた考え方や原理をあてはめることができる。サンドバッグやレンガを外部荷重に使う場合にも応用できる。しかし、既刊の2冊（CC1、CC2）で説明した通り、体重を使ったトレーニングは外部荷重を吹き飛ばす。それはボディビルディングでも同じだ。体重を使った方が安全だし、効率的なトレーニングになるからだ。もし、どうしても外部荷重を使いたいなら、ザック・イーブン・エッシュの『THE ENCYCLOPEDIA OF UNDERGROUND STRENGTH AND CONDITIONING』がベストブックになるだろう。機能的な強さとパワーを伝統的なやり方で手に入れるための手引書になっている。

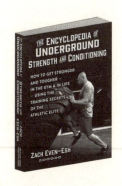

> ウエイト、マシン、広い場所を必要としないので、いつでもトレーニングが始められる。ボディビルディングも〝体重〟を使った方が続けやすい。！

Q 広背筋や上腕二頭筋を大きくしたいとき、プルアップやチンアップが効果的であることは理解できた。とはいえ、わたしはプルアップが1回もできない。アシスタントバンドを使った方がいいだろうか？

A 必要ない。アシスタントバンドが発明される何千年も前から、アスリートはプルアップに取り組んできたし、そんなものがなくても1レップのプルアップに到達する道が開けている。まずは、**オーストラリアン・プルアップ（76）** をやって、〝引く〟筋力をつくるところから始めるといいだろう。CC1のプルアップシリーズやアル・カバドロの以下のビデオを参照してほしい。

http://www.alkavadlo.com/2010/01/07/all-about-australian-pull-ups

そこにある通り、オーストラリアン・プルアップも難度を漸進的に上げていくことができる。

オーストラリアン・プルアップは水平的な動作だが、垂直方向に体を引き上げる筋力も養われる。オージーをやってある程度の筋力がついたら、**ジャックナイフ・プルアップ（77）** に移る。ボックスやそれに代わる対象物の上にかかとをつけて垂直に体を引き上げるプルアップだ。かかとを何か

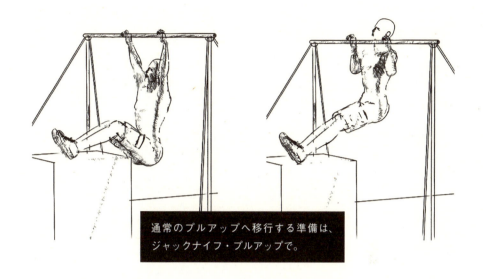

通常のプルアップへ移行する準備は、ジャックナイフ・プルアップで。

の上に乗せれば、引くのが楽になる。しばらくやれば、通常のプルアップができるようになる。ほら、バンドは必要ないだろ？

Q キャリステニクスを使えば上半身をたくましくできるのはわかった。でも、脚は？ 体重だけでは無理なのでは？

A 第3章で説明した通り、体重を使って脚に筋肉をつける技術はたくさんある。脚を対象にしたキャリステニクス・ワークをこき下ろす輩といえば、男として使い物にならないデブか、自重力トレーニングをやったことがない頭でっかちの痩せ男だと相場が決まっている。ワンレッグ・スクワットを20レップス2セット、続けて、**ゲッコー・ブリッジ (78)** を同じ量だけやり、最後に60センチの垂直ジャンプをやらせるといい。批判するのはそれができてからだ。

Q キャリステニクス初心者です。各部位の筋力バランスを崩すことなく筋肉をつけたいのですが、何をやったらいいでしょう？

A 初心者のためのエクササイズ？ まずは、プルアップ、プッシュアップ、スクワット、レッグレイズだ。筋力がついてきたら、そこに、ハンドスタンド・プッシュアップとブリッジを加える。すべてが無理なくできるようになったら、少し高度なオーストラリアン・プルアップや**フロントレバー（79）**などのホリゾンタル系を加えるといいだろう。

Q プッシュアップやプルアップは、大きな筋肉（胸筋、広背筋、上腕二頭筋など）をターゲットにしている。完璧な体にするため、前腕、ふくらはぎ、首などにある筋肉も増やしたいのだが。

A この質問については、CC2で完全にカバーしている。前腕は、漸進的なハンギングワークと漸進的な**指先プッシュアップ（80）**をやれば太くできる。ふくらはぎはカルフレイズだ。これも漸進的なスタイルでやる。そこに、爆発的ジャンプを加えると効果的だ。首は、漸進的な**レスラーブリッジ（81）**と**フロントブリッジ（82）**をやれば太くなる。〝体重〟を使えば、ウエイトやマシンでは届かない筋肉や筋肉群も効果的に鍛えられる。本書に書いたやり方に従えばいい。

Q 重りが入ったベストを着なければ、プッシュアップやプルアップをやっても筋肉がつかない。そう言われたが、本当だろうか？

A ベストなど必要ない。ベストを着たまま同じエクササイズで足踏みするはめになり、アスリートを助けるどころか進歩を停滞させるものになるだろう。さらなる筋肉の爆発につながる、より困難な技術を極める上での邪魔になるだけだ。わずかかもしれないがフォームも崩れやすくなる。生身の体を使って筋力をつけ、よりタフなステップに上がっていくやり方の方がはるかに筋肉をつけるものになる。もちろんベストを使うのは自由だ。し

かし、本当に必要だろうか？

Q 自重力を使ったボディビルディングは女性にも適していますか？
ビッグ6のマスターステップに到達した女性を知っていますか？

A テストステロンの血中濃度が低いため、女性がボディビルダーになろうとしても男のように筋肉がつくことはない。しかし、それは、強くなれないという意味ではない。筋力は、男性と同じようについていく。体重があればあるほど比例的に困難さが増していくのがキャリステニクスだ。男性と比べ、女性は一般的に軽量だし関節可動域が大きい。以上のことから、女性がキャリステニクスをやると、大きくてごつい体というより、引き締まったしなやかな体へと生まれ変わっていく。

今を生きる女性にもビッグ6のマスターステップのどれかに至った者が少なからずいる。わたしは、これまで過去の優れた男性アスリートの話ばかりしてきたが、驚異的な女性アスリートの話をあまりしてこなかったことをいささか後悔している。バーナム・サーカスの曲芸師だったリリアン・レイチェル（1890年代生まれ）は、30レップス近いワンアーム・プルアップができた。19世紀のウェールズ地方には、〝ストロングウーマン〟ボルカナがいた。彼女は、ワンアーム・ハンドスタンド・プッシュアップができたと伝えられている（13歳にして、逃げていく種馬を組み伏せて捕えたという話も残っている）。その気にさえなれば、あなたにもできるはずだ。

伝説のリリアン・レイチェル。彼女の銃に注目！

PART 5 トラブルシューティング 筋肉を成長させるためのFAQ

Q 体を大きくすることに興味を持っています。筋量だけでなく、身長も伸ばしたい。キャリステニクスで背を伸ばすことはできますか？

A キャリステニクスだけでは無理だが、やり方によっては可能になる。古い時代には、身長を伸ばすことに特化したキャリステニクスがあったほどだ。強く大きな筋肉と同じように身長も重要視されたからだ。実際、身長の維持は可能だし、時間をかければ、2～3センチくらいなら伸ばすことができる。カギとなるのは、

・脊柱を圧縮しないこと。重い外部荷重を使ってのスクワット、デッドリフト、レッグプレスを頻繁にやるなど論外だ。走ったりジャンプしたりするトレーニングも頻繁にやってはならない。

・日々、良い姿勢を保つ。背筋を伸ばし（頭頂にケーブル線がついていて上から引っ張られているイメージを保つ）、胸を上げて外に出す。

・椎間板を健康な状態に保つ。背骨に硬さを感じたら生き返らせる。ブリッジをやれということだ。少なくとも、毎週1回を心がけたい。

・ブリッジをやった後は、前方に体を曲げてバランスを取る。

・身長を伸ばすには、強い骨が必要になる。強い骨にはカルシウムが必要だ。サプリメントに走る必要はないが、毎日、乳製品を摂るようにする。

また、以下を習慣づけたい。

1. 立位姿勢：姿勢を正し、頭上方向にストレッチする
2. バック・ベンド：脊椎と椎間板の健康と成長を促すために、体を後ろに曲げる
3. フォワード・ベンド：椎間板をリラックスさせるために、体を前に曲げる
4. 脊柱ツイスト：体をツイストさせて、硬くなった脊柱と肋骨を構造的に緩める

5．ディープブレス：胸郭を広げる

ほとんどの男性は、年をとると2センチかそれ以上、身長が低くなる。50代半ばになっても、わたしは21歳の頃と身長が変わらなかったが、それは、ずっとブリッジをやってきたからだと確信している。身長が若い頃と変わらないと話す同年代のウエイトリフターやボディビルダーもいるが、ちゃんと測ってのことだろうか？　シュワルツェネッガーがいい例だ。彼は、昔と比べてひと回り小さくなってしまった。

圧縮された背骨は、リラックスしている背骨よりも短くなる。タフなワークアウトの後は、バーにぶら下がって背骨をリラックスさせるといい。

Q 筋肉をつけるには、アイソメトリクスより動的エクササイズの方がいいということだが、わたしは肩に筋肉をつけたい。ハンドスタンド・プッシュアップ・シリーズの最初の方のステップはアイソメトリクスになっている。初心者にもできる動的なエクササイズを教えてくれないだろうか？

A 逆さまになってやるワークは、肩と肘の軟組織に大きなストレスをかける。逆さまになる前に、まずは、それらの部位を鍛えてほしい。床に足をつけてやる通常のプッシュアップを確かなものにすることだ。その後は、

デクライン・プッシュアップ（83）

パイク・プッシュアップ（84）

（膝の高さで行う）ローベース・ジャックナイフ・プッシュアップ（85）

（股関節／上肢の高さで行う）ジャックナイフ・プッシュアップ（86）

ジャックナイフ・プッシュアップは、
とっておきの肩エクササイズになる。

をやる。そこから、壁を使ったハンドスタンド・プッシュアップに移れば無理がない。**マリオン・プッシュアップ（87）** も代替メソッドになる。壁を背にして床に手をつけ、楔を打ち込むつもりで壁に足をつける。その体勢でプッシュアップを炸裂させる。もちろん、通常のプッシュアップと同じように完璧なフォームで。ゴールをあらかじめ設定しておき（たとえば、10〜15レップス）、そのレップス数を、毎回、目指すゴールにする。力がつくにつれ、2〜3センチ、あるいはそれ以上の位置へと足を上げていく。チョークやペンで線を引いて進歩を記録する。厳格なフォームでやれば、比類なき肩ができあがる。安上がりだろ？

||||||||||||||||||||||||||||||||||||||||||||||||||||||||||||||||||||||||||||||||||||

Q 筋肉をつけるには10代がもっともよい時期だと聞いた。40歳を超えて筋肉を増やすにはどうしたらいいだろう？

A 10代が最高なんて、でたらめな話だね。年齢と筋肉の関係に対する考え方は、パフォーマンスドラッグが出てきたことで完全にねじ曲げられてしまった。プロを目指すボディビルダー（ほかのスポーツをやるアスリートにも言えることだが）は、10代からドラッグを使い始める。そして、彼ら彼女らの体は40歳とか50歳までに完全に燃え尽きる。10代の頃は代謝がとても早い。（ドラッグを使わない）本物のアスリートの場合、その年齢で筋肉を構築するのは容易ではない。代謝は、30代末期から40代の初期に

1913年、バングラデシュに生まれたマノハル・アイチ。黒熱病で死にかけたことをきっかけに、キャリステニクス（プッシュアップ、プルアップ、スクワット、レッグレイズなど）を始める。体重だけで体をつくりあげた後、30代でウエイトもやるようになる。上の写真は75歳のときのもの。最後のボディビル競技会に参加したのは90歳の時で、この本の執筆時点では100歳を超えている（2016年没）。その年齢になっても、毎日のトレーニングを欠かさない。キャリステニクスを使って関節を守る。そして、ステロイドは使わない。このスタイルで鍛えれば、生涯にわたって筋肉を維持できることを証明する男になっている。

かけて著しく低下するが、テストステロンの血中濃度は高止まりしている。つまり、その頃が筋肉を構築するための黄金時代というわけだ。

　50代、60代からでも筋肉づくりは始められる。古い時代のストロングマンたちが80代になっても見事な体をもっていたことから考えると、50、60はヒヨッ子みたいなものだ。いま何歳であっても、ステロイドを燃料にする愚かなやつらを相手にしてはならない。昔ながらのアスリート精神を見直し、それを絶対的な指標にするのだ。

Q 過去に膝に問題を抱えたことがある。膝関節に負担をかけずに、脚の筋量を増やすコツはないだろうか？

A 膝のケアはすべてのアスリートが心すべきテーマになる。どれだけ若かろうが関係はない。健康な膝を維持するために、以下の6つのポイ

ントを心がけてほしい。

1. 馬鹿げた重さの外部荷重を避ける。今は、できるだけ重いウエイトを使ってスクワットやデッドリフトをやるのが大流行りだ。わたしは、重い外部荷重を使ってスクワットをやってきた年輩ボディビルダーと数百人単位で話をしてきたが、彼らの膝は一様にダメになっていた。自分の体重を使っていればこんなことは起こらない。

2. 腱を鍛えるときは常に〝深さ〟がカギになる。たとえばスクワットなら膝を完全に曲げて自分の体重を支える必要がある。深く沈み込むワンレッグ・スクワットをゴールにすれば、鋼鉄で守られたような膝ができ上がる。しかし、ゆっくり進んでそこに至ることが大切だ。

3. 膝関節は、大腿四頭筋だけでなくハムストリングスやふくらはぎによっても支えられている。ブリッジをやればハムストリングスやふくらはぎが強くなるので、ひいては、膝の健康につながっていく。すでに膝が不安定になっていたら、漸進的なカルフレイズをやるといい。

4. 膝は栄養のほとんどを滑液から得ていて、その滑液は、膝を廻して関節を〝開く〟と循環しやすくなる。床から足を上げ、膝を廻すとそれが起こる。ただし、武道家がやるように、足を床につけたまま膝を廻してはいけない。膝は蝶番関節であり、体重をかけて廻すようにはできていないからだ。

5. 肉を骨から外して食べるとき、軟骨を避ける人が多い。その習慣が、現代人の関節を悪くしている。そして、膝の健康のためにグルコサミンを摂ろうという話になるのだが、じゃーん、グルコサミンは基本的に軟骨だ。強い軟組織をつくりたいならできるだけ軟骨を食べるようにしたい。

6. わたしはサプリメントを勧めることを忌み嫌う。しかし、魚油には中高年アスリートの膝の動きを改善する働きがあるようだ。

アル・カバドロが、脚のトレーニング法を指南している。この男が、膝に痛みを抱えたり、脚を硬化させたりすることはないだろう。

Q 痩せていて、体重を増やすことが本当に難しい。脂肪すらつかない。筋肉をつけるなんてほとんど不可能に思えるが、どんなプログラムを使えばいい？

A この場合、どんなプログラムを使うかより、トレーニングそのもののやり方、あるいは、ライフスタイルの方が大切になる。どうしたらいいかは、以下の通り。

1. 今やっているステップのエクササイズで、あるいは1段階ステップダウンしたエクササイズで、ハードに自分を追い込むようにする。さらに、毎週、少なくとも1レップずつ増やしていく。フォームを厳格化し、毎回、完全燃焼する。その日のトレーニング内容と体重を記録する習慣を確立する。

1b. 上半身のワークアウトの後に、**ディップス（88）**（まずは、ウォーミングアップ。それに続くハードな2セット）をやるようにする。パラレルバーがなければ、鉄棒などを使って**ストレートバー・ディップス（89）**をやる。胴部／上腕三頭筋に、間違いなく筋肉がついていく。

2. モチベーションをキープするため、**1.** と **1b.** は、短期間プロジェクトにする。4か月をかけて、左右の腕周りを2.5センチずつ増やすことを目標にする。

3. 規則正しく、日に4回（3回の食事と1回のスナック）の食事を心がける。炭水化物、脂質、タンパク質を満遍なくたくさん食べる。牛の挽肉、ハンバーガー、ソーセージ、卵を好物にする。ジャンクフードも恐れるな。もし週末にアルコールをたしなむ習慣があるなら、それも体重を増やすための方法になる（ただし、スピリットではなくビールだ。炭水化物を多く摂れば、代謝が遅くなって体重が増える。体重を増やしたいとき、過去のストロングマンの多くがビールに頼った。しかし、それは〝もし、飲む習慣があるなら〟だ。その習慣がないならアルコールには近づくな）。

4. ストレスホルモンは消化を妨げる。食べた後は好きな音楽でも聴いて体を楽にし、リラックスすることを心がける。

5. たくさん食べた後は、トレーニングを始めるまで1時間待つ。食べたものを消化するため、ほとんどの血液が胃腸に集まっているからだ。お腹に血液があるとき、それは筋肉には向かわない（泳ぎに行くなら食後30分経ってから。君のママがそう言っていた理由がこれだ。子どもが溺れるのを彼女が望むわけがないよね）。

6. もっとも大切なのは、一日にきっちり10時間眠ることだ。大切な仕事のようにそれをこなせ。夜、そこまで眠れないなら、昼寝を加えるようにする。

7．自分を信じろ。信念は、心だけでなく体も変える。4か月間、筋肉がついて体重が増えると信じていられたら——それが起こるだろう。

|||||||||||||||||||||||||||||||||||||||||||||||||||||||||||||||||||||||||||||||||

Q ボディビルディング雑誌を読むと、筋成長させるためには、頻繁にエクササイズを変えて筋肉を混乱させる必要があると書かれている。それは本当だろうか？

A 筋細胞にできるのは、発火（収縮）するか、しないかの二つだけ。胸筋にある筋細胞が発火しているとき、当の筋細胞は、ディップスをやっているのか、プッシュアップをやっているのか、吊り輪をやっているのかわかっていない。わかるはずがない。エクササイズを変えることで筋細胞を混乱させるという考え方は馬鹿げている。

同じエクササイズを長期にわたって続けると、同じ角度からのストレスが関節と結合組織にかかり続け、その部位の硬直やワークアウト後の痛みにつながる場合がある。この観点からエクササイズを時々変えるというなら理にかなっている。もちろん、ケガをしたら、ケガの状態を考慮してトレーニングルーチンを完全に変えた方がいい。

ダニー・カバドロがいつもとは違うプルアップバーを使っている。その変化に対応するためにいつもとは違う筋肉が刺激を受けている。

新しいエクササイズには、トレーニングへの興味を再燃させる働きがある。筋細胞が飽きを覚えることはないが、心の方はそれがお得意だ。プログラムを6〜8週間ごとにマイナーチェンジするスタイルは悪くない。トレーニングに対する新鮮な感じ、楽しさ、創造性をキープできるからだ。レップス数、ワークアウトの順序、ワークアウトのフィニッシュの仕方を変えるといったわずかな変化でもいい。それは、心をリフレッシュさせるものになるだろう。

‖‖

Q 筋肉を大きく成長させるためには2〜3時間ごとに摂取するプロテインが欠かせない。そう書いてある記事をよく目にする。体重0.45キロにつき2グラムといった多量のプロテインが必要だとも。「監獄ボディビルダーになるための十戒」にプロテインへの言及がないのはなぜか？

A 〝プロテインにまつわる神話〟についてはCC2で論じている。繰り返しになるが、健康的な食事を摂ったところにプロテインを加えても、あまり効果はない。そもそも、筋肉はタンパク質でできていない。その70％は水だ。だからといって毎日何リットルも水を飲んでも、腕がポパイみたいにふくらむことはなくて尿として捨てられるだけだ。ところが、余分なプロテインは水のように簡単には捨てられない。糖質と脂質に変わり、巨大な腕をつくる代わりに、巨大な腹をつくることになる。監獄にいた頃、わたしは、少ないタンパク質しか摂らずに見事な筋肉を構築していったアスリートを数限りなく見てきた。フィットネス世界からみれば、そこは、笑い転げたくなるほど粗末な食事しかでない環境だ。

これが真実なら——もちろん、真実なのだが——なぜ、多くの雑誌が高濃度のプロテインを使えと脅迫するのか？　シンプルな話だ。そういった雑誌は、例外なく、プロテインを製造しているか、プロテインを売っている会社が所有している。あるいは、プロテインに関係した会社が大口のスポンサーになっている。

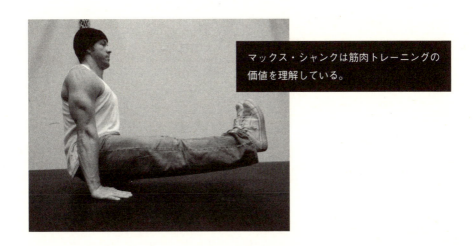

マックス・シャンクは筋肉トレーニングの価値を理解している。

Q 筋肉をつくりたいなら、ホエイが〝完璧な〟食品になると聞いた。それは真実だろうか？

A アスリート初心者の多くがホエイ崇拝者になるよう洗脳されていく。ここで、真実を伝えよう。酪農が始まった頃から、ホエイはチーズをつくる上での厄介な副産物だと考えられてきた。（酸敗させるかレンネットを加えることで）チーズをつくるとき、牛乳は二つの異なる化合物に分離する。カードとホエイだ（それらは、本質的に異なるタイプのプロテインだ。ホエイという単語はよく聞くが、カードは聞きなれない。ボディビルダーの間でのカードの通称はカゼインだ）。カードは濃くて風味があり、それを圧縮すると栄養豊富なチーズになる。タンパク質、カルシウム、体に良い脂質が多く、ゆっくりと体に吸収される、あのおいしいチーズだ。

　もう一方のホエイは、牛乳を分離させたときに液体表面に上がってくる、味わいがない水っぽい代物だ。それは、チーズメーカーが長年、ゴミとして捨ててきたものだ。誰かがその使い方を発見したとき、みんな飛び上がって喜んだにちがいない。今まで捨ててきたものを、乾燥して粉末にし、高価なサプリメントに変える！ それから、「混ぜて飲むだけ。そうすれば6か月後に君もハルク・ホーガンになれる！」と宣伝すればいいからだ。これぞ錬金術だ！

ホエイが崇拝される理由はシンプルだ。血液の中にすばやく吸収されるからだ。ところが、不幸なことに、わたしたちの体は信じられないほどゆっくりとしたペースで筋肉をつくる。そして、睡眠時にその作業のほとんどが行われる。つまり、日中に、ホエイをガンガン摂って血中アミノ酸濃度を急上昇させてもあまり意味がないということになる。一方、カードは、胃に入るとある種のゲルになる。そして容易に凝乳(Curdle)になる（それが、カード(Curd)の名の由来だ）。つまり、カードの方は吸収が容易であるだけでなく、長い時間をかけてゆっくり吸収される。満腹感があり、体の中に長く留まるため、わたしたちの体に同化しやすいタンパク質でもある。

　わたしの意見？　ホエイに使うお金を節約しろ。代わりに、昔ながらのチーズサンドイッチを食べろ、かな？　そいつの方が筋肉フードになるだろう。

PART 6

筋力を究める道を行く
体重を増やさずに強くなるための十戒

あなたとわたしには、どこか、似たところがあるはずだ。体を鍛えることが好きで、できるだけ筋肉をつけたい。男は強くたくましくあるべきだ——子どもの頃からそう言われながら育てられた点も似ているかもしれない。

　だから、たぶん、こう考えるはず。筋肉をつけることなく強くなりたい男などいるはずがない、と。それではまるで日払い仕事に行って働き、夕方になってギャラをもらっていいか悩むようなものだ。トレーニングすれば強くなるし、当たり前のように筋肉がついてくる。そうだろう？

　実は、そうとは限らない。筋肉抜きで、強さとパワーだけを望む（あるいは必要とする）アスリートがいるからだ。レスラー、MMA（総合格闘技）アスリート、ボクサーなど、体重別階級で対戦する格闘家たちがいい例だ。強くなりたい女性も、概してだが、あまり（あるいはまったく）筋肉をつけたがらない。鋼のように硬く、鞭のようにしなる体なのにそうは見せたがらないアスリートもいる——このイメージの原型は、おそらくブルース・リーだろう。比較的小さな体なのにとてつもなく強い。豹のように動き、メガト

ン級の破壊力を秘めている。単純にヒトとしてショッキングな存在だ。キャリステニクスのマスターでありストロングマンでもあるローガン・クリストファーもこのカテゴリーに入る。

筋肉はいらない。クラシック・ポルシェのようなすっきりしたラインのまま、ハンヴィーのパワーを持ちたい。あなたがそう思うひとりであれば、この章の十戒が答えになる。何をやっても筋力がつかなかった人でも、うまくいくから安心してほしい。弱かった日々は、今日で終わりにしよう。

〝ブルゼル〟になれ！
21世紀に入り、筋肉に対する考え方が大きく変わり始めている。第2章で紹介した〝筋肉のための十戒〟は、PCCブログに載せたわたしの記事を進化させた内容になっている。その記事のコメント欄に、トレーニングを志す男には、筋肉をつけてブルになりたい男と、運動能力を極めてガゼルになりたい男がいるという話を残しておいた。そこから議論が始まった。議論の中で、アル・カバドロの体を、ブルゼル（ブル×ガゼル）——主に、筋力のためにトレーニングしていて、筋肉もあるが、嵩ばかりが大きいボディビルダーのように見えることがない体型——と呼んだ男がいた。議論が、どうなったと思う？ 新世代のアスリートの多くが〝ブルゼル〟になりたいことがわかったのだ。わたしが70年代にトレーニングを始めたときにはブルとガゼルのふたつのアーキタイプしかなく、ずっとそのままだったが、そこにブルゼルが加わったことになる。アルも、筋肉と筋力の関係についての考えをPCCブログにアップしている。
pccblog.dragondoor.com/building-strength-without-mass/

十戒の1 レップを少なく！

サン・クエンティンでは、こう言われていた。

〝最初の方の数レップスは筋力のため、最後の方の数レップスは筋肉のため〟

意味を説明しよう。まず、プルアップを8レップスやる1セットを思い描いてほしい。負荷となる体重は同量。1レップ1レップで変わることはない。ところが、筋肉の方はレップごとに変わっていく。最初の1〜3レップスでの筋肉は絶好調で、筋力そのもの——筋肉を強く収縮させる運動神経系の力——を実感できるものになる。つまり、最初の方のレップでは筋力をトレーニングしていることになる。

最後の方の6〜8レップスになると、筋肉が疲れ、神経系が強く発火しなくなっている——そのため、1〜3レップスのときと比べて筋力トレーニングとしての効率が悪くなっている。その一方で、筋細胞内のエネルギーが使い果たされていくので、化学エネルギーをもっと使えるよう、筋肉に肥大しろと命じていることになる。つまり、6〜8レップスは、筋肉をトレーニングしていることになる。これが、最初の方の数レップスは筋力（運動神経系）のため、最後の方の数レップスは筋肉のためという意味だ。

体重を増やさずに筋力をつけたい場合、まず、6〜8レップスやると失敗するエクササイズを選ぶ。それを3レップスだけやる。筋肉をできるだけハードに収縮させ、最大限の力を生成することに変わりはない。しかし、3レップスで止める。あと3〜5レップス加えられると

PART 6 筋力を究める道を行く

してもレップス数を抑えて消耗しないようにする。そして、次のセットまで十分に休憩する。

ボディビルダーには想像もつかないトレーニング法になる。より大きな筋肉を欲する彼らは、トレーニング中、いつも限界を越えようとする。しかし、それは筋肉をつけずに筋力の頂点を目指す場合には不適切なアプローチになる。

賢い者ならこう考えるだろう。「なぜ、8レップスやってはいけないのか？ 最初の方の数レップスで筋力を、最後の方の数レップスで筋肉を開発すればいいではないか？」と。もちろんそれも可能だ。プリズナートレーニングの基本になっているのがその考え方であり、筋力と筋肉を同時に手に入れるメソッドになっている。とはいえそれは、筋力に焦点を当てたメソッドにはならない。望むのが〝純粋な筋力〟なら、フレッシュな体のまま何度も繰り返すトレーニングが答えになる。疲れさえしなければ、頻度が高いトレーニングが可能になるからだ。そして、それが十戒の2につながっていく。

筋力を最大化するための戦略
・トレーニングは、低レップス（1〜3レップス）で
・筋肉が疲れる前に止める
・セット間で十分に休憩する

十戒の2
ヘッブの法則を利用する——同じ動作を繰り返せ！

筋肉をつけたいときはレップス数が多いハードトレーニングが必要になる。しかし、筋力をつけたいときはまったく違うトレーニングスタイルを取ることになる。筋力の強さが、運動神経系と筋細胞がどれだけうまくコミュニケーションできるかによって左右されるからだ。筋力を極める上で必要なのは同じ動作の繰り返しだ。

ここで、上腕二頭筋に100個の筋細胞があると想像してもらいたい（上腕二頭筋には、はるかにたくさんの筋細胞がある。しかし、話をわかりやすくするために数字を単純化している）。1個1個の筋細胞には神経繊維が1本1本接続している。その筋細胞には2つの状態──発火しているか、発火していないか──しかない。〝ハードに〟発火したり〝ソフトに〟発火したりすることがなく、完全に収縮しているかまったく収縮していないかの二者択一だ。つまり、上腕二頭筋からパワーをどれだけ搾り出せるかは、力を出そうとしたときに、どれだけの筋細胞を発火（収縮）させられるかにかかっている。ある男が100個の筋細胞のうちの25個を発火させられるとする。運動神経系をトレーニングすることで彼が75個の筋細胞を発火させられるようになると、筋肉を増やすことなく筋力を3倍に増やしたことになる。体重を増やさずに筋力を増やすトレーニング法が目指すのはそこだ。

　トレーニング頻度──どれだけトレーニングするか──が筋力系アスリートとボディビルダーの間で著しく違ってくる理由がここにある。ボディビルダーの筋肉は、休息しているときに成長する。一方、筋力アスリートの運動神経系はトレーニングを繰り返すことで発達していく。そのため、賢いボディビルダーはトレーニング時間をできるだけ短くしようとするだろう──そうすれば筋成長させるための時間が長くなるからだ。一方、賢い筋力アスリートはできるだけ長くトレーニングしようとするだろう──そうすれば、運動神経系と筋細胞間のコミュニケーションが円滑化し、ひいては最適化していくからだ。

　カナダの天才的な科学者であるドナルド・ヘッブ博士が見つけた〝ヘッブの法則〟が、筋力アスリートの理想的なトレーニング法を教えてくれる。神経細胞間に新しいつながりをつくりながら神経系が自らを最適化させていくこと、同じ刺激を繰り返すと、そのつながりが強化されるとするのがヘッブの法則だ（そのため、ヘッブの法則は〝反復の法則〟とも呼ばれている）。

　難しく考えることはない。だれもが、子どものときにヘッブの法則を学んでいる。何度も練習すれば新しい技術を早く習得できるし、繰り返せば繰り

地球上でもっとも強い人間のひとりになるためにアーサー・サクソンが利用したのも、繰り返しだ。大きな体ではなかったが、外部荷重を回数多く挙げるルーチンを工夫し、それを繰り返すことで運動神経系を鍛えた。体重を使う場合も、同じやり方で筋力をつけることができる。

返すほどその技術が上達していった体験を思い出せばいい。それは、体操選手や曲芸師、武道家たちが、離れ技を習得するために昔から用いてきたやり方でもある。筋力トレーニングと、楽器を演奏したりクルマを運転したりする技術を習得する方法は、事実上、同じやり方をとる。運動神経系と筋細胞間のコミュニケーションを円滑にし、最適化することだ。ヘッブの法則が依って立つのは、繰り返すことで技術が上達していく事実だ。

　シンプルな話だ。疲れないようにレップス数を少なく保ち（十戒の１）、セット数をできるだけ多くする。日々、それを繰り返すのだ！

筋力を最大化するための戦略
・自分にとってもっとも難しい動作を選び、（体を消耗させないようにしながら）可能な限り繰り返す
・セット数を多くし、セット間隔を長くとる
・とにかく、繰り返せ！

十戒の3 筋肉を相乗的に使え！

　簡単なクイズを。最大限の筋力をつくり出したいとき、aとbのどちらが有効だろうか？

　a 筋肉の10％を使う
　b 筋肉の100％を使う

　ハァッ？ と聞き返したくなるほど簡単だ。もちろん、答えはb。わずかな筋肉を動作させるより、共に動作する筋肉すべてを使った方がより多くの筋力を解放できる。

　強くなりたいなら、多くの筋肉が相乗的に動作するよう体に教え込む必要がある。至高の強さに到達する〝秘密〟があるとしたら、つまりはそれだ。筋肉を協働させるコツを学ぶことは、筋力アスリート——実際には、機能的な体を必要とするアスリートのすべてが対象になるが——に欠かせない技術になる。たとえば、筋肉を協働させる術を知らない男が、重いものを頭上に挙げようとしている様を思い浮かべてみよう。四苦八苦しながら腕だけで重いものを挙げようとするが、果たして肩の上に届くかどうか。次に、オリンピックに出てくる重量挙げ選手を思い浮かべてみよう。彼は、ウエイトを挙げる際にかかわるすべての筋肉——脚、ミッドセクション、背中、胸など——のパワーを同時に解放するトレーニングを積んできている。そのため協働可能な筋肉のすべてを動員し、気合いもろともウエイトを一気に挙げることができる。

　同じ原則が、自重力トレーニングにも適用される。プッシュアップをやるときは、そこにかかわるすべての筋肉を最大限利用する技術を学ぶ必要がある。つま先でさえ、プッシュアップをやる上での助けになっている。個々の筋肉がどれほど大きかろうがシステムとして協働させる術を知らなければ筋肉が本来持っている力が発揮されることはない。

体重を使った筋力トレーニングと現代的なボディビルディングの本質的な違いがここにある。ボディビルダーは、筋肉を協働的に使おうとする運動本能を意識的に減速させようとする。たとえば、カールするときには、故意に、肩と上腕三頭筋のスイッチを切る——そうすることで、上腕二頭筋により大きなストレスをかけようとする。**ラテラル・レイズ（90）**をやるときも、僧帽筋、上背部、脚や胸をリラックスさせて、動作からそれらの筋肉を除外する——そうすることで、圧力のすべてを肩側部にかけようとする。ボディビルディングでは、筋肉を分離させることが神聖かつ侵すべからざる技術になる。

　それとは逆に、できるだけたくさんの筋肉に出力を求めるのが、自重力を使った筋力トレーニングだ。多くの筋肉を動員する以下のような大きな動作にトライするといい。

・**キッピング・プルアップ（91）**
・**マッスルアップ（92）**
・プルアップ
・プッシュアップとディップス
・スクワットと**ピストルスクワット（93）**
・**ロールオーバー（94）**

　以上は、すべて漸進的に難度を高めていくことができる。

　筋肉を協働させながらコントロールする技術を高めたいときは、バランスを取るエクササイズや静的ホールドが有効だ。ボディビルディング的な観点から見ればあまり意味がないエクササイズになるが、筋肉間の協働力や全身の張力を開発するという意味では最高のエクササイズになる。

バランストレーニングほど筋肉の協働力を学べるものはない。シグ・クラインはそのマスターだった。

・フリーハンドスタンド（95）
・ブリッジ
・Lホールド（96）
・ハンギング・レバー（前、後ろ）（97）
・エルボーレバー（98）とプランチ（99）
・フロッグホールド（100）
・ヒューマンフラッグ（101）

　これらの技術は、低レップス／多セット／筋肉を疲れさせないトレーニングスタイルでやれば上達が早まる。死ぬほどそれを続ければ、あなたをスパイダーマンのような存在に変えていくだろう。

十戒の4 身を引き締めろ！

　筋力を即座に最大化する技術。それが、ブレーシング——体を緊張させること——だ。神経系にある異なる神経枝を意識的に〝スイッチオン〟にしていくことで、体から最高のパフォーマンスを引き出す技術だ。

　コツさえつかめば、ブレーシングを使ってどんどん筋力を引き出せるようになる。それは多くのエクササイズに応用できる。たとえば、プルアップ中にバーをいつもより強く握ると、手に生じさせた緊張が、腕と広背筋にある神経枝をオンにしていき、そうしないときよりも強く体を引き上げられるようになる。同じように、肩ソケットの中に上腕骨を引き込めば、広背筋の筋力が増す。臀筋を緊張させれば、スクワットがパワフルになる。また、どんなエクササイズをやる場合も腹部を引き締めると筋力が増すのだが、腹（ハラ）を鍛えた侍たちは完全にこの事実を理解していたと言える。身を強く引き締めさえすれば強さが解放されるのだ。

　ブレーシングをマスターしたいならパベル・サッソーリンが最高の指導者になる。パベルはブレーシングを体系的に教える究極の〝グル〟であり、彼が書いた自重力トレーニングの本『The Naked Warrior』はブレーシング

のアイデアが詰まった宝石箱だ。読むことを強く推奨するどころではない。もしまだこの本を持っていないなら、できるだけ早く手に入れてほしい。

筋力を最大化するための戦略
- 全身の筋肉をアイソメトリック的に引き締め、鉄のように硬くするコツをつかむ
- プルアップ中は、バーをできるだけ強く握る
- プッシュアップ中は、指で床を〝つかむ〟
- 肩ソケットの中に上腕骨をしっかり引き込めば広背筋が活性化する
- トレーニング中は、腹部を強く引き締める
- 臀筋を搾って緊張させれば筋力が高まる

十戒の5 〝呼吸〟を手に入れろ！

　サンドバッグを前にしたボクサーを見たことがあるだろうか。重いパンチを繰り出すとき、彼は、歯の間からシュッと音を立てて息を吐き出す。武道家が、強い一撃を放つときに、鋭い息——キアイと言う——を吐くのを聞いたことがあるかもしれない。

　こういった戦闘系アスリートは、古くから伝わる呼吸と筋力の関係を理解している。神秘的なものとして扱われる（気功系）〝気〟も、技術的な側面が強い。膨大なエネルギーを要するため、呼吸には数十もの筋肉がかかわってくる。横隔膜だけでなく、腹筋、胸鎖乳突筋、斜角筋、腹斜筋、胸郭を覆う肋間筋などがそれだが、驚くべきことに、ここに並べた筋肉を一緒にすると体幹にある筋肉のほ

とんどすべてをカバーすることになる。もちろん、体をパワフルに動かす能力も呼吸が左右している。

呼吸技術を学ぶことも筋力を高める方法になる。そのため、先ほど述べたように、武道家やボクサーだけでなく重量挙げ選手やパワーリフターも呼吸をコントロールする術を学び、それを利用する。古い時代のストロングマンが残した本を読むと、だれもが呼吸技術の習得に身を捧げていたことがわかる。彼らもまた呼吸を利用していたのだ。

筋力トレーニング中、頻繁に呼吸すればエネルギーを高めることができると説くトレーナーが多い（酸素がたくさん供給されるだろ？　と）。しごく真っ当な話に聞こえるが、もっともらしいたわ言だ。確かに、息をたくさん吸えば、高レップス数のスクワットをやっているときのスタミナ維持などには役立つだろう。しかし、好ましい結果を筋力にもたらすものにはならない。純粋な筋力トレーニングが嫌気性だからだ。つまり、酸素に依存せずに筋肉内に蓄えられているエネルギーを解放している。オリンピックに出てくる100メートルスプリンターのほとんどがレース中にまったく呼吸をしない。走っているときの呼吸が障害にしかならないからだ。

筋力にとって呼吸が大切になるのはどんなときか？　PCCのインストラクター・マニュアルが、その点について簡単にまとめている。

> レバレッジをかけたいときに息を吸え。動作に先立って大量の空気を吸って肺を満たすと、その動作を行う上での筋力が増す。多くの動作においてそれが言える。肺が空気で満たされると体幹内部の圧力が増し、そこに生じるレバレッジを土台にして胴体が"硬く"なるからだ。
> ——PCC指導者マニュアルより

つまり、負荷をかける前が空気を吸い込むベストタイムになる。プッシュアップなら、押す前までに息を吸い、押しているときに息を吐く。ボトムポ

ジションにきたとき肺が空気でいっぱいになっていると、胸郭が支点になり、押す筋力が最大10％増加する。そのまま息をゆっくり吐きながら体を押し上げていくのだが、このとき、押している時間と息を吐いている時間が同じ長さになるようにする（こういったゆっくりとした筋力動作ではシューっと音を立てながら息をゆっくり吐く。一方、爆発的な筋力動作ではフンッとすばやく吐き出す）。

コントロールされた力強い呼気は、体幹（特に、コアや胸郭）にある筋肉を活性化する。これらの筋肉が一体化して車軸のようになり、意識的に動作させる四肢を力強く支えてくれるだろう。この車軸は、緊張させるほど、また、収縮させるほど硬くなり、押したり引いたりする力を強くする。呼気が強くなればなるほど、力を生成する能力が大きくなる。パンチやキックを放つときの格闘家が、息を強く吐き出すのはそのためだ。

ブレス・コントロール（A）は、呼吸筋群——胸や肺を鎧のように守っている——を強くする筋力トレーニングにもなる。タフな筋肉群なので痛める可能性はゼロに近い。ブレス・コントロールには心身をリラックスさせるだけでなく、より多くの酸素を血液に供給する働きもある。囚人アスリートの多くがワークアウト後にブレス・コントロールをやっていたので、わたしもそれを学び、今も続けている。やり方についてはP.158を参照のこと。

インド人の筋肉コントロール専門家。胴部をパワーで満たすため、ヨガの呼吸法を利用している（モデル不明、1930年の写真）。

筋力を最大化するための戦略
・負荷をかける前に、肺に空気を満たしておく
・負荷がかかっているときに息を吐き出す
・ブレス・コントロールをやれば、
　呼吸筋を鍛えて肺活量を高めることができる

十戒の6　腱を鍛えろ！

　筋力について昔のストロングマンたちが語ったものを読むと、筋肉的なパワーに焦点を合わせたものと出会うのはまれだ。そして、彼らが筋力と言うときは、腱をどう強くし、完全なものにするかを語っていることがわかる。ストロングマンの中でも最強のひとりである〝アメージング・サムソン〟ことアレクサンダー・ザス（1888年生まれ）の言葉を引用しよう。

「お腹がふくらんでいるから消化能力が高い。そう考える者はいない。同じように、ふくらんだ上腕二頭筋も筋力を示す基準にはならない。それを決めるのは上腕二頭筋を引っ張る腱だ。細い脚なのに、脚が太い男たちよりはるかに強い脚力を示す男がいる。なぜか？ 筋力の本質が腱にあるからだ。強度と密度において、骨に次ぐのが腱だ。それは、筋肉を骨に接合するための留め具でもある。腱の強さなくして大きな負荷に打ち勝つ筋力は生まれない。筋力を解放するためのマスターキー。それが腱だ」

――アレクサンダー・ザス

　腱のパワーを育てるメソッドはストロングマンごとに違っているが、筋力をつくる体系の核心に、腱トレーニングがあったことに変わりはない。

　腱をどう鍛えるか？ 過去のアスリートは、それを〝しなやかな強さ〟を

つくることだと考えた。〝しなやかな強さ〟を得る方法については、CC2で掘り下げた議論をしている。腱と結合組織がもっとも鍛えられるのは〝筋肉をストレッチさせたとき〟だ。そして、プッシュアップやスクワットといったキャリステニクスの基本エクササイズを可動域いっぱいでやっていれば、腱をトレーニングしていることになる。

〝しなやかな強さ〟をつくるトレーニングと現代的なトレーニングは、両極のように離れている。ジムにいるボディビルダーは大きな筋肉と弱い関節がセットになっている。彼らと話をすると、ボディビルダーの現実——いつも関節の痛みやケガを抱えている——を教えてくれるだろう。プロと呼ばれる人た

健康的なワンレッグ・スクワットと、〝膝の破壊者〟と呼ばれるレッグエクステンションを比較する。レッグエクステンションは、動作のトップポジションで、大腿四頭筋にすべての負荷がかかるよう設計されている。確かに、大腿四頭筋がよく鍛えられるが、膝の腱には何もしていない。これは、膝を痛めるリスクを孕んだ大腿四頭筋の鍛え方になる。一方、深いところまでしゃがみ込むスクワットでは、膝が曲がるボトムポジションにきたときにすべての負荷がかかっている。そのため、大腿四頭筋を鍛えるだけでなく、健康的で強い腱と膝を育てるワークになる。つまり〝しなやかな強さ〟を安全につくる戦略にできる。

ちのおよそ半分は、まさにこの理由から鎮痛剤中毒になっている。これは、動作のトップ域に焦点を絞り、そこで大きな負荷を筋肉にかけているからだ。レッグプレスマシンにいる男を観察すればわかる。彼は、凄まじい負荷をかけながら、トップ域に限定したわずかな距離でレップを繰り返している。

　上半身ワークについても同じことが言える。現代的なボディビルダーの多くが、ケーブル型マシンに恋をしている。ケーブル型マシンで行う動作の多くがトップポジションで力のほとんどを使い、ボトムポジションではあまり使わない〝ピーク収縮〟をもたらすからだ。筋肉を大きくするにはとても効果的だが、腱——動作のボトムポジションで負荷がかかる——には、ほとんどなにもしていない。このやり方を長く続けると、筋肉が大きくなるにつれ腱と関節が弱くなっていく。強くなる筋肉と置き去りにされた腱や関節との間に不均衡が生じ、関節の痛みやケガにつながるのは当たり前の話だ。関節が痛むので、彼らは腱に負荷をかけることを避け、ますますピーク収縮に頼るようになる。ベテランの域に入ったボディビルダーの多くは、ボトムからトップまでを対象にした動作を完全に止め、トップ域だけに固執するようになる。そして、何かが弾け飛ぶまで、問題を悪化させていくことになる。

・プルアップ
・プッシュアップ
・スクワット

　といったキャリステニクスの基本動作は、ボトムポジションでストレッチさせた筋肉に負荷をかけてトレーニングするものになる。筋肉はストレッチすればするほど収縮できなくなるのだが、そのとき、負荷を受けもつことになるのが腱だ。そのため、可動域いっぱいの深い動作をやると腱に大きな負荷がかかり、それを強くするためのトレーニングになる。負荷という意味では、もっともナチュラルな負荷——体重——を使うので、腱を痛める可能性も低い。キャリステニクスをやることが現実世界で通用する強さにつながるのは、生活上の動きと変わらない全可動域を対象にすること、腱を鍛えて〝しなやかな強さ〟をつくるものになるからだ。

> **筋力を最大化するための戦略**
> ・腱トレーニングとは、筋肉をストレッチさせたときに腱に負荷がかかるエクササイズを指すが、キャリステニクスの基本動作にはそれが含まれている。腱を鍛えたかったら、キャリステニクスをやれ！
> ・安全が保てる深さ内で、行けるところまで行く
> 　（誇張した動作は避けること）
> ・ボトムポジションで静止すると効果が増す——動作を反転させるときは、絶対、弾むな！
> ・ボトムポジションで負荷がかからないマシンやエクササイズは避けろ！

十戒の7　弱い領域をまず攻めろ！

　大きな胸と肩。幅が広い背中。たくましい大腿四頭筋。ボディビルダーは、筋肉をできるだけ早くつけたいと考える。それを実現するための伝統的でもありベストでもあるやり方が、もともと大きくて強い筋肉群——脚、背中、胸——を集中的にトレーニングすることだ。これが、ゲット・ビッグ・クイック・プログラム（巨大な体をできるだけ早く手に入れる）に、デッドリフト、ロウ、ベンチプレス、（そして、特に）バーベル・スクワットが採用される理由になるのだが、それは、時間をかけて効果が確認された〝答え〟でもある。キャリステニクスを使って同じようなプログラムをつくるとすれば、ディップス、チンアップ、ワンレッグ・スクワットが採用されるだろう。体躯にできるだけ早く筋肉を詰め込みたいときは、大きな筋肉群にすべてのエネルギーを注ぎ込めばいい。そうすれば、見返りも大きなものになる。

　残念なことにこのアプローチ法は筋力を増やす上では通用しない。どんなジャンルに携わるエンジニアも、システム全体の強さが、最大のあるいは最強の領域ではなく、もっとも弱い領域が決めることを知っている。筋力アスリートも同じだ。もっとも弱い領域が、あなたの強さを決めることになる。つまり、筋力的可能性を追求するなら、大きな筋肉群に焦点を当てたエク

ササイズをやっているだけではダメで、もっとも弱い領域を鍛えることがポイントになる。弱くなりやすい領域と、それらを鍛えるエクササイズについては、以下を参照してほしい。

・グリップ：**ハンギングワーク（102）、フィンガーホールド（103）、指先プッシュアップ（104）、タオル・ハング（105）**
・腹部：レッグレイズ、**ロールオーバー（106）、Ｌホールド（107）**
・ウエストと脊柱：ブリッジ、**プランク（108）、レバー（109）**
・体の側部チェーン：**ツイスト（110）、フラッグ（111）**

　筋肉サイズは問題ではない。筋力にとって重要なのは、小さくて目に見えない筋肉が、外でアピールする大きな筋肉と同じように（あるいはそれ以上に）タフであるかどうかにある。マイティ・アトムはそれを意識して体を鍛えた。ブルース・リーもそうだ。ローガン・クリストファーもそうだろう。彼らにとっての強さとは、弱い筋肉をなくすことを意味していた。もしかしたら、筋肉を大きくすることなど眼中になかったのかもしれない。

〝筋力〟とは、大きな上腕二頭筋を手に入れたり、とてつもない重量をベンチプレスしたりすることだと多くのアスリートが考えている。しかし、それは真実からかけ離れている。この写真が〝筋力〟とは何かの例証になる。上腕二頭筋がどれだけ大きくても、グリップ、ウエスト、腹部、側部チェーンなどにある小さな筋肉が強くない限り、**ヒューマンフラッグ（112）**を保つことは不可能だ。

十戒の8
ギアを少しずつ上げていくことで、最大パワーを解放せよ！

　運動神経系には、クルマと同じようにいくつかのギアがある。そのギアを少しずつ上にシフトさせていけば、今ある筋力を大きくすることができる。

　平均的な男に腕の筋肉をできるだけ硬くしてほしいと頼んだとする。しかし、彼にできるのは、軽く収縮することだけ。腕にある運動神経系が、ニュートラルから動かないか、ファーストギアに入るくらいだからだ。しかし、この平均的な男が受話器を握っているときに落雷があり、強い電流がラインを伝わってきたとする。強烈な電流の直撃を受けた男の腕に何が起こるかわかるだろうか？　筋肉が信じられないほど収縮し、ときに腕の骨を半分に折るほどの力を生成するのである。ここで骨を折るのは電流ではない──ニュートラルかファーストギアでうろうろしていたこの平均的な男の筋肉だ。脳を横切った強い電流が、彼の運動神経系にレッドゾーンを振り切れと命じたからだ。運動神経系がその気になったとき、どれほどの筋力を生成するかをよく表す話だと思う。

　普段、運動神経系のギアがここまで上がることがないのは、脳内にあるダンパー回路がそうなるのを防いでくれているからだ。ダンパー回路がある理由は明白だ。筋肉には、腕の骨を半分に折ってしまうほどの収縮力がある。ダンパー回路による抑制がなければ筋肉や骨はいつも傷ついていることになる。とはいえ、この運動神経系に備わるギアを意識的に上の方へシフトさせていく方法がある。それが、神経筋促通法──ウォーミングアップをやることだ。筋肉に向かう神経エネルギーを増やすよう、時間をかけて脳に要求していけばいい。そのプロセスは数秒で始まるが、数分かかることもある。パワーリフティング競技会に行くと、本番を前にした男たちがバーの下に入ってレップを繰り返している姿を見かける。彼がそれに精を出すのは、ケガを防ぐためではなく、力を引き出すためだ。最初のレップでいちばんの強さを発揮する男が生き残るわけではない──時間をかけて運動神経系を少しずつ解放していき、最大限の筋力を引き出す男が勝利することになるからだ。

筋力をまったく持たない男が水平バーにジャンプしてワンアーム・プルアップにトライしたとしよう。もちろん無謀な試みだし、間違いなく失敗する。彼の運動神経系はそれを達成するほどの神経エネルギーを解放できない。そのため、彼の腕と広背筋はファーストギアに入ったまま動かない。さて、ここに別の男がいる。彼は**アシステッド・ワンアーム・プルアップ（113）**ができる筋力を持っている。しかし、ワンアーム・プルアップにはまったく手が届かない。そこでまず、通常のプルアップを数レップスやり（ギアをセカンドに入れる）、休憩し、**クローズ・プルアップ（114）**を数レップスやり（ギアをサードに入れる）、ここでも休憩する。その後、アシステッド・ワンアーム・プルアップを数レップスやる（フォースギアに入る）。ここでも少し休む。それからワンアーム・プルアップにトライすれば、多分それができる。運動神経系を少しずつ目覚めさせていったことで、ギアがマックスまで上がっているからだ。以上は、ひとつの例だ。もちろん、ウォーミングアップを丁寧に重ねていってもワンアーム・プッシュアップができない場合があるだろう。しかし、筋力がどの段階にあろうと、この原則は適用できる。自分にとってもっとも困難なエクササイズに取り組む前の数分間をウォーミングアップに費やす。すると、ウォーミングアップをやらなかった場合よりも筋肉を強く収縮させられるようになる。そして、今までできなかったエクササイズをクリアする可能性が高くなる。

最大値のパワーを解放したいなら、段階を踏んでギアを上げていけ！

十戒の9 運動神経系をハックせよ！
（ときには、素早く動くトレーニングを）

　ネット上の会話——フォーラムやコメント欄でのやりとりなど——は〝ゴドウィンの法則〟に支配されているという。オンラインディスカッションが長引けば長引くほど、ナチスやヒトラーを引き合いに出すことが多くなり、その確率が限りなく1に近づくという法則だ。言い換えれば、いつかは、ナチスかヒトラーが顔を出す。

　筋力について話していると、最近、同じようなことが起こるようになった。20年前はおろか10年前に遡ってもあまり聞くことがなかった用語だ。それが〝筋緊張〟だ。二人の男が筋力について話をしているとき——それが、ネット上の会話であれば、間違いなく——どちらかがこの用語を口にする。それは、現代人が筋力について語る上でのバズワードになっている。

　〝筋緊張〟とは、つながりがある筋肉群をできるだけハードに収縮させることを意味する。大切な概念なので口にするアスリートが増えたのはとても好ましい傾向だと思う。〝筋緊張〟とは、つまりは十戒の4で説明した〝ブレーシング〟のことであり、筋肉を岩のように硬く安定したものにする行為だ。〝筋緊張〟という用語を口にするアスリートのほとんどが、そのとき、ゆっくりとした動作やアイソメトリクスを連想している。筋緊張させ続けると、すばやい動作ができなくなるからだ。自重力を完璧にマスターしたいアスリートの中には、ここで自分に欠けている能力に気づく者がいるだろう。スピードをつけて体を自在に操る能力だ。筋力を完成させたいなら、素早い動作——最近では〝プライオメトリクス〟と呼ばれる——の習得が欠かせない要素となる。

　筋細胞のひとつひとつを小さな電球と考えてみよう。筋肉内で光るこの小さな電球が多くなればなるほど光が強くなる。高い筋緊張が続く静的ホールドをやっているとき、あるいは、スクワットでしゃがむプロセスにあるとき、脚にあるアスリートの筋肉はカンテラのような鈍い光を放っている。その筋

緊張を保てるよう、運動神経系が一定量の筋細胞に向かって発火するよう指示を出しているからだ。次に、同じアスリートが、すばやい動作——ジャンプしてボックスから降り、すぐにジャンプしてボックスの上に戻るような——を始めたら彼の筋肉になにが起こるだろうか？ 脚にある筋肉は、もはや、カンテラのようには光ってはいない。筋細胞がいっせいに発火し、高出力のフラッシュのような強い光を放つだろう。

　素早く動くと極端な出力が起こるのはなぜか？ 自分でコントロールしながらゆっくり動作しているときは、運動神経系がアクセスできる筋細胞の数は制限されている。運動神経系を含めた中枢神経系が、もともと、信号が過剰に流れないようにつくられているからだ。通電量を抑えて〝マシン〟が壊れないようにしているのだ。意識しなくても行われているこの脳反射は〝神経抑制〟と呼ばれているものだ。しかし、素早い動作——上下にジャンプしたり、バーから手を離して空中に浮いたりするような——を強いられると、この〝神経抑制〟が自動的にオフになる。重力に対する素早い反応を求められる状況は、手を滑らせて木から落ちていくときと同じ非常事態だ。そこを切り抜けるには、最大出力の筋力が必要になる。アスリートの側から考えると、この状況をつくるエクササイズをやれば〝神経抑制〟回路をハッキングできる。体をハンヴィーに変える鍵を手にすることができるのだ。

　結論はシンプルだ。高度に筋緊張させたゆっくりとした動作は、自分でコントロールできる筋力をつくる。しかし、最大筋力を解放するような運動神経パターンをつくるには、爆発的な自重力エクササイズをプログラムに加える必要があるということだ。

素早くて爆発的な動作——**クラッピング・プッシュアップ（115）**、**フリップ（116）**、ジャンプなど——をやれば、脳の神経抑制反射を回避できる。〝体重〟をうまく使って脳をハックせよ！

PART 6　筋力を究める道を行く

必要になるのは、プライオメトリック自重力ワークだ。その詳細については、CC1、CC2に続く『EXPROSIVE CALISTHENICS』で知ることができる。既刊の2冊は、ゆっくりとした動作を使って筋力を構築しつつ筋肉をつけることを目的にしたものだった。『EXPROSIVE CALISTHENICS』は、爆発的パワーの出し方と運動神経系フィットネスについて学ぶものになる。筋力を極めたい者にとって、この本は、ゲームチェンジャーになるだろう。

十戒の10 心の力をマスターせよ！

　アメリカの警官を震え上がらせるドラッグをひとつ挙げろと言われたら、それはPCP（phencyclidine、フェンサイクリジン）になる。別名、エンジェルダスト。その本質を表す呼び名ならアンプ（増幅器）だ。PCPを服用した男たちの行動を警官が記録している。

・（体の前で、あるいは後ろ手にかけられていた）手錠をポキンと折った
・キーロックされた警察車のドアを内側から蹴破った
・銃弾を至近距離でくらいながら、なおも立ち向かってきた

　PCPと聞いた警官がゾッとする気持ちがわかるだろう。アンプと比べれば、ステロイドなど子供だましだ。PCPには、痩せた弱虫を凶悪なモンスターに変えてしまう力がある（とはいえ、その効果は、翌日、目を覚ますときまでしか続かない。しかし、目覚めたときに不自由な体になっていることも、二度と目覚めることがない場合もある。絶対に手を出すな！）。

　ここに興味深い事実がある。PCPはステロイドではないし、運動能力向上薬でもない。凄まじいまでに体を変貌させるわりには、その体には、ほとんど何もしていない。PCPは向精神薬であり、作用するのは心の方だ。それは、強力な幻覚誘発剤であり、通常の——あるいは、落ち込んでいる——精神状態を高揚させ、精神病的な覚醒へと導き、超常的ともいえる力を生み出す体に変えてしまう。

愚か者にはなるな。服用すれば、歯を失うどころか、死ぬことさえある代物だ。しかし、先に挙げた警官たちの体験が核心をつく真実を提供してくれている——心の持ち方ひとつで、体がこれだけの強さを発揮するという真実だ。PCPをやっているときの心がこれほどのパワーを持つなら、それなしでも心を解放できるはずだ。

どうすれば、それが可能になるのか？ メンタルトレーニングのレベルを次の段階へ引き上げるためのヒントを紹介したい。

1. 高揚感

テンションが上がったりワクワクしたりすると、エンドルフィンとアドレナリンが放出される。それらは、痛みを取り除いてパワーを増やす物質だ。エクササイズ前に、コントロールされた熱狂感覚に入ることができれば、強さが増す。

筋力の離れ業ができるようになる！ その未来を信じられないとしたら、一歩を踏み出す前に旅が終わっている。

PART 6 筋力を究める道を行く

2．信念

自重力トレーニングの離れ業を達成できる。そう信じきれば、体がその思いに従う。信じることができれば——できると〝知って〟いれば——それはできる。歴史を紐解くと、そういった事例が満ち溢れている。

3．ビジュアルライゼーション（視覚化）

自分が難しいことを成し遂げている状況を視覚化すると、それを達成する可能性が高まる。多数の研究がそう裏づけている。なぜか？ 能力に限界を設ける安全ブロックや抑制装置が脳内にたくさん備わっているからだ。何かを安全に達成している自分を〝脳が見る〟と——そのイメージがフェイクであっても——安全ブロックや抑制装置のいくつかがオフになる。

4．モチベーション

過酷なセットを始める前に、ファンタジーの中に自分を置くアスリートが少なくない。馬鹿馬鹿しいストーリーでもいい。モチベーションが高まる状況を設定するのだ。たとえば、いつもはクリアできるハンドスタンド・プッシュアップのレップス数に今日は届きそうもない。そんなときは、憧れている女性の頭にギャングが銃を突きつけ、そのハンドスタンド・プッシュアップがクリアできなければ、この子を殺すと脅しているシーンを想像してみる。何が起こるだろうか——もちろん、彼女のためにレップス数をクリアする！ そして、彼女を助け出す！ 1レップごとに100万ドルもらえるとか、セットをクリアすれば世界を救うヒーローになれるといった、どれだけ荒唐無稽な内容でも結構。だまされたと思ってやってみるとその効果に驚くだろう。

5．想像力

ここまで紹介してきた方法がうまくいくかどうかを決めるのは想像力だ。偉業を達成できるのは強力な想像力を持つアスリートだけだ。本物のレジェンドは、すべて、ファンタジストから始まっている。何年も前から達成したいシーンを夢見るファンタジストだけがそこに至るのだ。想像力を過小評価するな——それは、子供たちだけのものではない。想像力を駆使して自分を鼓舞するのだ。想像力に価値を見出し、それを使えば、強く成長していくこ

とができる！

　最近は、身体文化の表層——ピカピカに磨いた筋肉、褐色に日焼けした肌、綺麗な歯など——ばかりに注目が集まり、その内に広がる世界に目を向けなくなっている。心の奥に隠れている力に触れれば驚くべきことが起こる。雪原の上で瞑想するチベット僧がいる。彼は、氷の板を短時間で溶かす熱を発することができる。鼓動がほとんど止まるところまで心拍数を落としていけるヨギもいる。自分の心の中を探索し、隠されている力に少しでも触れることができたら何が起こるか想像できるだろうか？　その力を自重力トレーニングに応用したら？　わたしは今もそこに触れる努力を続けている。

　〝純粋な筋力〟を開発するための十戒。カウボーイ風に縄を投げて、すべてを一か所に絡めとっておこう。

体重を増やさずに強くなるための十戒

1. レップを少なく！
2. ヘブの法則を利用する——同じ動作を繰り返せ！
3. 筋肉を相乗的に使え！
4. 身を引き締めろ！
5. 〝呼吸〟を手に入れろ！
6. 腱を鍛えろ！
7. 弱い領域をまず攻めろ！
8. ギアを少しずつ上げていくことで、最大パワーを解放せよ！
9. 運動神経系をハックせよ！
（ときには、素早く動くトレーニングを）
10. 心の力をマスターせよ！

PART 7
テストステロンを
チャージしろ

ここまでトレーニングについて語ってきたが、筋肉を構築する上でもっとも重要なポイントを伝えてこの本を締めくくりたい。究極のメッセージはこれだ。

——テストステロンを増やせ。しかし、ステロイドは使うな——

ホルモンと筋成長

トレーニングのやり方を教えること、トレーニングについて書くことにわたしは人生を捧げてきた。しかし、ボディをビルドするという話になると主役はトレーニングからホルモンに移る。奇妙な話に聞こえるかもしれないが、筋肉をつくりたいなら、トレーニング以上に注目すべきものがある。

〝肌を褐色に焼くこと〟と〝筋肉をつくること〟の2つには似たところがある。〝日光浴に使う時間〟と〝ボディビルディングのために使う時間〟が似ていて、〝太陽光の強さ〟と〝テストステロンの血中濃度〟が似ているのだ。その気になりさえすれば、あなたは、一日中、太陽の光を浴びていることができる。しかし、たとえば、冬のスコットランドにいたらどれだけ日光浴をしても肌が褐色になることはない。〝太陽光の強さ〟がそこにないからだ。

ところが、ドバイにいたら、ほんの数分間シャツを脱ぐだけで肌に変化が現れ、褐色に向かっていくだろう。

ボディビルディングも同じだ。その気になりさえすれば、だれもが筋肥大をもたらすワークアウトに身を入れることができる。しかし、アスリートのテストステロン濃度が低いと、得られる筋肉は限りなくゼロに近づいていく。ひとつ例を挙げよう。男性の場合、ジムに通って熱心にトレーニングすれば、筋肉が幾らかついてくる。そこで、彼のガールフレンドが「わたしも筋肉をつけたい」と、同じジムに通い、同じように熱心にトレーニングしたとする。しかし、彼のように筋肉がつくことはない。二人は同じものを食べている。同じようにトレーニングし、同じように眠り、恋する二人は同じように幸せだ。しかし、筋肉量だけが違ってくる。その違いをつくるのがホルモン濃度だ。女性のテストステロン濃度は、通常、男性の１／10しかない。それがこの違いをつくり出す。

第２章「監獄ボディビルダーになるための十戒」を使って女性がキャリステニクスに取り組むと、強くなるし、引き締まってくる。腱や関節も丈夫になる。しかし、筋肉ムキムキになることはない。そうなれないのだ。太陽光が弱いとどれだけ日光浴をしても褐色になれないのと同じだ。オリンピックに出てくる女子体操選手は、身体能力的な意味で、地球上でもっとも秀でた女性の一群と

美しくてエレガント。そして〝強い〟。アドリアンヌ・ハーベイ（シニアPCC）。彼女が、ボディビルダーと間違えられることはない！

いえる。しかし、筋肉的には、平均的な体型の女性と比べて際立つほどの違いが現れない。もちろん、ボディビルダーのように見えることもない。

筋肉をつくるホルモン——特にテストステロン——が何をしているかわかると、筋肉をつけるだけなら、実は、トレーニングが二次的なものになることがわかる。体を大きく筋肉質にしたい。そして、その筋肉をそのまま維持したいなら、テストステロンの血中濃度を上げることが最重要課題になる。どうやって？ もちろん、秘教的な方法など必要ない。以下に示すいくつかのルールに従うだけでいい。以下は、科学的研究と体験データが導き出したものであり、これを使って絶滅寸前のテストステロン濃度を1000％以上も上昇させた男たちの例すらある。ボディビルダーにとってもっとも大切なルールになるが、難しいことは言わないから安心してほしい。

テストステロンを増やすための6ルール

テストステロンの血中濃度を上げたいなら、守るべき基本ルールがいくつかある。数十のルールを並べる専門家もいるが、その場合、だいたいがビタミン補給を含んでいる。その類のルールはサプリメント会社にとってはすばらしいものになるだろうが、実際には、血中ビタミン濃度（たとえば、亜鉛）が致命的に低くなければ、それが理由でホルモン産生が損なわれることはない。そもそもバランスがとれた食事スタイルを守っている限り、体に余分なビタミンを入れてもテストステロン濃度を上げることがないことがわかっている。

ごつい銃をいじることから、マスターベーションすることまで（まあ、同じようなことかもしれないが）、こうすればテストステロンが増えるという説を監獄にいた先輩アスリートたちからたくさん聞かされてきた。実際、テストステロン濃度はさまざまな理由で急上昇したり下降したりするのだが、そのほとんどが表面的かつ一時的なものだ。しかし、効果的で長続きするやり方もある。ディーゼルエンジンのような体になりたかったら以下のルールを実行すればいい。

ルール1 ハードにトレーニングする

　ハードトレーニングがテストステロンを増加させる理由について言及した記事を読んでもポイントを正しく突いてくるものは少ない。ヒトの体が〝環境に適応しようとする〟とき、どんな戦略を取っているかが理解できれば筋道が見えてくる。わたしたちの体はホメオスタシスという生物学的原理に基づいて環境に適応していく。そのホメオスタシスの特徴のひとつにエネルギー節約がある。やるべきことがあっても最小限にしか行わない。生命を効率的に維持するため、無駄なエネルギーを使わない主義を通すのだ。ソファに座ってビデオゲームをやり、一日中、ドーナツを頬張っていることが〝サバイバル〟なら、その〝サバイバル〟に筋肉は必要ない。つまり、テストステロンをつくる必然性がどこにもない。体はこう考える。なぜ、余分なテストステロンをつくるために貴重なエネルギーを使わなければならない？　疲れるだけだよね？　と。

　一方、歯を食いしばってプッシュアップをやったら体はどう応えるか？　それはサバイバルを賭けた闘いと同じ状況をつくる。「苦しい。もう、勘弁してくれよ」と体が悲鳴をあげるとき——生成されるのがテストステロンだ。そいつを生成すれば筋肉という〝ツール〟がつくられ、逆境に〝適応〟し、〝楽〟に〝乗り越えていけるようになる……。体は、常に反応し、賢く適応していく。大切なのは、体に向かってあなたがどんなシグナルを送っていくかにある。

ハードなトレーニングを重ねるアル・カバドロ。彼が自分のテストステロン濃度を心配することはないだろう。

ルール2 長く深い眠りを

とても大切なルールなので第2章「監獄ボディビルダーになるための十戒」のひとつにも入っている。氷山であろうと、植物であろうと、ヒトであろうと、成長は暗闇の中で起こる。ボディビルディングも同じで、筋肉も暗闇の中でつくられる。テストステロンが、夜間、睾丸によってつくられることを知るボディビルダーは少ない。もう少し詳しく言うと、テスト産生は、レム（REM：Rapid Eye Movement、急速眼球運動、わたしたちが夢を見ているときだ）睡眠時にピークになる。ここで覚えておきたいのは、眠った後の最初の数時間は、レム睡眠が比較的少ないことだ。そして、睡眠時間が長くなればなるほどレム睡眠が多くなり、目覚めるまでその状態が続く。要約すれば、眠れば眠るほど、夢の中からより多くのテストを汲み出せるようになる。

アメリカ人のほとんどが、慢性的な睡眠不足に陥っている。わたしの意見だが、6～8時間眠ればいいという一般的に言われている睡眠時間だとあまりに短い。どれくらいが〝寝すぎ〟になるのか？　これもわたしの意見だが、ボディビルダーにとって〝寝すぎ〟はない。14時間の睡眠が取れるならそうすればいい。生産性が落ちる〝反社会的〟な行為だって？　何に比べて？　Xboxをやりながら夜更かしすることと比べてか？

ルール3 太りすぎない

病的に肥満している男性を調べると、通常、テストステロン濃度が地まで落ちている。トレーニングしていようがいまいが、そうなっている。性差別するつもりはないが、女性も、出産に備えるために男性と比べて体脂肪が多い。ボディビルダーが脂肪に着目しなければならないのは、女性ホルモンであるエストロゲンを増やす原因をつくるからだ。エストロゲン。それは、我らのヒーロー、テストステロンのライバルだ。

脂肪は活気がない組織のように思われているが、実際は、小さな化学工場のような働きをしている。筋肉とのかかわりで重要になるのは、脂肪が体内で循環しているテストステロンを見つけ出し、それをエストロゲンに変換するアロマターゼという酵素を生成している点だ。太った男のテストステロ

濃度が地に落ちるのはそのためだ。体にラードを１グラム蓄えるごとに〝筋肉製造ホルモン・テストステロン〟が減り〝脂肪製造ホルモン・エストロゲン〟が増えていくことになる。

　悪いことにサイクルは循環する。太れば太るほどテストが減っていき、筋肉を増やしたり、ぜい肉を減らしたりすることが難しくなる。しかし、悪循環は好循環に変えることができる。歯を食いしばってトレーニングし、のべつまくなしに食べるのをやめれば、体からラードがどんどん削られていく。そして、脂肪が減れば減るほど、テストステロンが戻ってきて筋肉を増やし、脂肪をさらに削ぎ落としていく。体は何をすべきかを知っている。でも、態度で示して伝えなきゃダメだ。

ルール４　コレステロールを摂る

　第２章でお伝えした通り、テストステロンを増やすにはコレステロールを含む食品を摂る必要がある。コレステロールはテストステロンをつくるための建築資材であり、筋肉をつけたいなら、コレステロールが欠かせない。ビーガンを貫く男の体が歩行骨格みたいになるのはそのためだ。建築資材が極端に足りないためにガイコツが歩いているみたいな体に変わっていく。当然といえば当然の話だ。〝ルール１〟に従ってハードなエクササイズを体に課し、〝ルール３〟に従って自分をラードの塊（太っちょ）にしない限り、

> コレステロール（左）は、テストステロン（右）の主たる前駆体だ。似ているよね？

コレステロールベースの食べ物（卵、ソーセージ、チーズ、肉の脂肪など）が害をなすことはない。そして、血中テストステロン濃度を上げてくれるだろう。

ルール5 ストレートエッジを歩け

ストレートエッジという生き方についてはCC2でお伝えしている。簡単にいえば、タバコを吸わない、酒を飲まない、ドラッグをやらない、だ。ここで説教を始めるつもりはない。ストレートエッジから外れることが、テストステロンに及ぼす悪影響について話したい。

タバコを吸うと血液中に一酸化炭素が入ってくるのだが、その一酸化炭素にはコレステロールをテストステロンに変換する能力を阻害する働きがある。アルコールやドラッグにもテストを減らす働きがある。

摂取量が増えるとさらに問題が深刻化する。アルコールやドラッグが（あまり知られていないがタバコも）肝臓を痛めつけるからだ。肝臓は、エストロゲン量を制限する酵素をつくり出している。そのため、肝臓がやられるとエストロゲン量が制限されなくなる（市販薬にもそういった作用をもたらすものがある）。ドラッグやアルコールの中毒患者には肝臓障害を患っている者が多い。そして、男性中毒患者の場合、精巣の縮小、女性化乳房症――文字通り、乳房が成長する――が症状として現れる。血中エストロゲン濃度が急上昇し、テストステロン濃度が急落するからだ。ストレートエッジでいること。それは、精神と肉体にいいだけでなく、ホルモン構成をベストに保つためにも好ましいものになる。

ルール6 ステロイドを使うな

簡単に言おう。現代アスリートのホルモン構成にもっともダメージを与えているのがステロイドだ。ステロイドが？ と多くの男が驚くだろう。ステロイドを使って巨大な体になったやつが周りにいっぱいいるぜ、と。確かにそうだろう。しかし、そのアスリートは大きな代償を支払っている。

上で説明した通り、筋肉をつくっているのはテストステロンだ。そして、

すべてのステロイドは、本質的に、テストステロンの人工物質バージョンだ。ここまで言えば、なぜ、ボディビルダーがステロイドに狂うかがわかるだろう。大好きな筋肉がやすやすと手に入るからだ。しかし、この人工物質を体に入れた瞬間、ホメオスタシスの原理が作動する。〝新しい〟テストステロンが体内に溢れると、あなたの体は自分でそれをつくる必要はないと考えて自前のホルモン系を閉鎖し始める──それは〝男としての自殺〟の始まりだ。中等度のステロイドユーザーであっても睾丸が萎縮してくるのは、テストステロン工場（testes）が働かなくなるからだ。そのまま、ステロイドを使い続けるとアスリート界で〝娼婦のおっぱい〟と呼ばれている疫病──女性化乳房症──にかかる。この疫病は現代ボディビルディング界で驚くほど蔓延している。そう。大きくて強いボディビルダーが、一方で、バービー人形のように乳房を膨らませているのだ！

この話の中で最悪なところは、ステロイドによるダメージが永遠に続くことだ。ステロイドの服用が短期間であればテストステロンを自前で産生する能力

初期のボディビルダーであるボビー・パンドール。1876年生まれなので100％自然につくり上げた体であること──テストステロンがコレステロールから合成されたのは1935年だ──がわかる。ボビーが使ったのは自重力トレーニングと筋肉コントロール（アイソメトリクス）だ。一方で、重い外部荷重は体に悪いからと5キロ以上のダンベルを使うことがなかった！ それでいて、現代を生きるボディビルダーを吹き飛ばすような筋力と驚くような体躯を持つに至っている。

をある程度は回復させることができる。しかし、服用期間が長引くほど、そして、服用量が多くなるほど、ホルモン系が受けるダメージは致命的なものになる。ほとんどの人が知らないことだが、長期ユーザーともなると自前のテストステロンをつくる能力がまったくなくなっている。そいつの体はもう何もつくっていない。あるところまでホルモン系が傷つくと、けっして回復することはない。そうなったら、ステロイドに完全に依存して生きるしかなくなる。それが強くたくましい男と言えるか？　テストステロン濃度を上げることが筋肉をつけるための最重要ポイントであることを思い出してほしい。ステロイドの服用はまったく逆のことをやることになる——自前のテストステロン産生能力の破壊だ。

　ステロイド使用を不法とされた医療業界は、怒りと失望の中にある——もちろん、巨大な利益を上げられなくなったからだ。そのため、今度は「テストステロン補充療法」(Testosterone Replacement Therapy, TRT) という名称のもとにテストステロンを売り始めた。この時代を生きる男たちは、みながみな、テストステロン濃度が低い。だから、医薬品としてのステロイドが必要になるというのがセールスポイントだ。こんなのに騙されてはいけない。確かに、爺様たちと比べれば、男たちのテストステロン濃度は低くなっている。でも、原因は、病気ではない——ライフスタイルだ。それがすべてだ。もちろん、治療薬としてのステロイドを悪魔扱いしようとしているわけではない。実際、エイズや慢性消耗性疾患を治療するためにステロイドを使うことには、医学的に大きな意味がある。だからといって、怠惰なデブ男に使う理由にはならないだろう。

　「TRT はステロイドとは違う」との主張もある。確かに体の中に入った後に通過する薬物送達システムは若干違っているかもしれない。しかし、物質としては基本的に同じ。TRT はあなたのお金を奪い、あなたのホルモン系を弱めるように設計された収奪システムだ。医者が男のテストステロン産生能力を弱めたい理由がわかるだろうか？　死ぬまで薬を買わせたいからだ。

　外因性ホルモンを摂ると、最初の注射、口に入れる最初の丸薬からホルモン系へのダメージが始まることを心しなければならない。この本で紹介したルールに従えば、年をとっても本物の筋肉を維持できる。しかし、いったん

ステロイドを体に入れたらその未来はオジャンだ。ジムやクラブで〝隆々とした筋肉〟を見せびらかすためにステロイドを使っているキッズたちが40〜50歳代になった頃のテストステロン濃度は今から予測できる。70歳になった彼の母親より多いかどうか。昨今のステロイドブームが未来の医学的大災害になるのはあきらかだ。

最新のTRTメソッド—お尻に巨大な注射針を突っ込み、大量のテストステロンペレットを挿入する。牛じゃあるまいし、冗談じゃないぜ、まったく。出血とか厄介な感染症を引き起こすことがあり、体が拒絶して薬がまったく効かないこともある。

　愚か者のひとりになるな。ハードなトレーニングと真っ当な生き方に人生を捧げてほしい。70歳代でワンアーム・プルアップができたジョー・ハーティゲン（ポール・ウェイドのメンター）のように。80歳代で鋼を曲げることができた〝マイティ・アトム〟ジョー・グリーンスタインのように。年をとっても、強く、筋肉に覆われた体を保ち、健康であることは可能だ。この章で紹介した6つの単純なルールに従って生きたからこそ、彼らにはそれができたのだ。

現代のテストステロン神話

　テストステロンの話を終える前に、大手を振って歩いているステロイドとTRTの擁護論を片付けておきたい。

> 今の男たちは、環境汚染物質や毒素に満ちた世界に生き、工業型農業や食品加工技術によって栄養が抜け落ちた食品を摂っている。前世代の男たちが持っていた正常なテストステロン濃度を保つのが難しいのはそれが理由になっている。

わたしが何を言うかもうわかっているだろう。まったくのナンセンスだ！実際、この説は腐ったチーズ以上の悪臭を放っている。

筋肉をつけるためにアスリートがステロイドの服用を選択するとしたら、それは、彼ら自身の問題だ。しかし、上の説は「確かにそうだよね」と思わせることで、ステロイド世界に飛び込む理由を正当化している。この馬糞のような説がどこまでも流布し、それに毒されて〝キャリステニクスをやっている〟とか〝俺はスパルタ式で鍛えている〟と吹聴するアスリートでさえ、ステロイドを使った経験があることを白状する時代なのだ。意志が弱いこういった男たちは、伝統を守るということが何かをわかっていない。

空気や食べ物、飲み水の中には常に毒素が存在する。生命が初めて華開いた頃の地球は、アンモニアやメタンといった火山性の毒ガスが出まくるカオスの中にあった。生命にとって、地球上での生活は初日からずっとタフなものであり続けてきた。それがわたしたちを進化させたのだ。健康について語るライターたちは、毒素がない〝パレオ（旧石器時代）〟的なライフスタイルを称賛するが、考古学者たちは馬鹿な話をするなと眉をひそめていることだろう。旧石器時代のミイラの肺は、通常、黒く汚れている。わたしたちの先祖の多くが洞窟生活をしていたからだ。害虫や捕食者から身を守る洞窟に籠って、そこで調理したり暖をとったりしていたから、だれの肺も汚れていた。そこは、絶えず火を燃やしている、煙と煤で窒息しそうになる環境だった。彼らは、ありとあらゆる〝毒〟の犠牲者でもあった。たとえば、鉛中毒になって死んだ初期のヒトが狭い範囲で大勢見つかることがある。実際の経緯はわからないが、たとえば、池の底に鉛の層が露出していて、そこから汲んできた水を群れ全体で飲んだら容易にそれが起こる。死なないまでも、水に少量の鉛が混入して鉛中毒になるようなことはありふれた話だったろう。過去を生きた毛深い兄弟たちの環境と比べ、〝汚染されている〟と言われる今の生活環境は、どの程度、汚染されていると言えるだろうか？

時代が下って、黄金時代のストロングマンや当時のボディビルダーが摂っていた食品は完璧だったろうか？　100年以上前のそういった食品の中には

PART 7　テストステロンをチャージしろ

FDAの許可が得られないものが少なくない——違法になるからだ。ビクトリアン・イングランドベーカーズは、防腐剤として、パンにミョウバン——アルミニウムの毒——を加えていた。酪農家は、悪くなった牛乳の異臭を隠すために大量のホウ酸を製品に混ぜることが多かった。食事前、手を洗うために使う石鹸には毒性が高い石炭酸が加えられていた。食品を貯蔵するのは鉛缶だったし、ガス灯は窒息しそうになるほど硫黄蒸気を吐き出していた。ほとんどの建物にはアスベストが含まれていた。こういったものを食べ、こういった環境に住みながら、今ならステロイドを使っても達成できないほどの筋肉をつけ、筋力の離れ業を演じていたのが当時のストロングマンやボディビルダーたちだ。

昔と比べ、確かに、男性のテスト濃度は低くなっている。それは疑いようがない事実だろう。ストリートに出れば、メトロセクシャルなジャスティン・ビーバーもどきが気取って歩いているのをいやでも見ることになる。それ以外の場所でも、テストステロンに飢えた若い男たちを頻繁に見かける。ここで大切なのは、今の男たちのテストステロン濃度が低いことを証明することにはなく、なぜそうなっているかという理由の方にある。

現代社会をちょっと観察すれば、男たちの生活がテストステロン濃度を上げるために必要な6つのルールから、ずいぶんずれていることが観察できるだろう。たとえば……

・前世代の男たちは、ハードな手作業をなりわいにしていた——それは、タフなワークアウトを毎日やることに匹敵するものだった。今は、マシンに仕事を任せ

一昔前、こういった男はサーカスでしかお目にかかれなかった。今では、ウォルマート内の通路をたくさん歩いている。

たり、机の前にいたりする男がほとんどだ。そのため、体が十分なテストステロンを必要としなくなっている。

・労働時間が増え、睡眠時間が減っている。電球が発明される前、ほとんどの男は毎晩10時間以上寝ていた——今の労働者の平均睡眠時間は5〜7時間であり、ホルモンを生成するために必要なレム睡眠が得られていない。

・肥満——テストステロンをエストロゲンに変換する脂肪が増えること——は100年前には珍しい現象だった。当時の太っちょはフリークスとしてサーカスでお金を稼ぐことができた。今は、それが〝標準体型〟になっている。

・前世代の男たちは、コレステロール値が高い新鮮で健康的な食品——卵、ハム、チーズ、全乳——を摂って成長したが、現代人は高度に加工された高炭水化物食品を食べて成長する。コレステロール食品を摂らない炭水化物中心の食生活がテストステロン不足になるサイクルを助長している。

・レクリエーションドラッグとアルコールは昔からあったが、その常用が、当たり前になっている。この二つには、テストを少しずつ減らす作用がある。

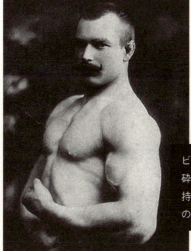

以上が、男たちのテストステロン濃度が下がった本当の理由だ。今後、この傾向はさらに顕著になっていくはずだ。こんな生活を送りながら、男たちにテストステロンが残っているのは不

ビクトリア時代のストロングマンは、今の男を噛み砕いてゴミ箱に吐き出すほどのテストステロンを持っていた。しかし、そのテストステロンをつくったのは、清潔な環境やパーフェクトな栄養素ではない。

PART 7 テストステロンをチャージしろ

思議とも言える話なのだが、だからといって、その流れに身を任す必要はない。

　昔ながらのアスリートと同じ道を行けばいい。先に挙げた6つのルールを守れば、数日のちにはテストステロン濃度が上昇し始める。ルールを敬い、何か月、何年にわたって続ければ、ホルモン系が正常化し、筋肉が爆発的についてくる。単純なルールだが、ボディビルダーが緻密に筋肉系をつくり上げていくやり方に匹敵するものになる。昔のストロングマンやボディビルダーたちの写真を見れば、彼らが、年老いてもなお、現代を生きる若い男たちよりもテストステロン濃度が高かったことは明白だ。彼らと同じ生き方をすれば、あなたにも同じことが起こるだろう。

消灯！

　写真は、何千もの言葉を語る。そこで、2枚の写真を見ることで消灯にしたい。

　上の男は、名高いユージン・サンドウ（1867年生まれ）だ。〝空前絶後のボディビルダー〟と讃えられた男で、ミスター・オリン

ピアのトロフィーは彼の体躯をもとにつくられている。もちろん、ノー・ステロイドの筋肉だ。

　右側の男は、キャリステニクス・アスリートのダニー・カバドロ（マスターPCC）だ。ダニーはニューヨーク市に住み、〝汚染された〟空気の中でトレーニングしている（ほぼ、屋外で）。彼もノー・ステロイドでサプリメントすら摂っていない。ダニーの体躯は、かなりのところまでサンドウと重なり合う。そして、胸筋はサンドウをしのいでいないだろうか？　ダニーのテストステロン濃度が低いように見えるだろうか？

　今を生きるダニーにこれだけの筋肉がつくのだから……今を生きるあなたに筋肉がつかないはずはない。

謝　辞

　ジョン・デュ・ケイン —— この本をつくるよう励まし、かたちにしてくれたあなたは、トレーニング界においてもっとも影響力を持つ存在であり、わたしの真の友人だ。サンキュー、ボス！
　www.dragondoor.com

　アル・カバドロとダニー・カバドロは、キャリステニクスコーチとして世界的に知られる存在になりつつある。成功の影に隠れて見えないかもしれないが、彼らは、キャリステニクスを含めたフィットネス世界に信じられないほど貢献し、今も純粋な情熱を注いでいる。この本には彼らの写真がたくさん載っているが、それらは無料で提供してくれたものだ。
　www.alkavadlo.com
　www.dannythetrainer.com

　すばらしい写真を公開してくれた、アドリアンヌ〝ケトルベル・ガール〟ハーベイに感謝したい。
　www.giryagirl.com

　マックス・シャンクはこの本でもモデルになってくれている。いつも変わらず、すばらしい存在であることに感謝したい。
　www.maxshank.com

この本に掲載されている写真は、すべて、文章が完成する前に撮影されたものだ。つまり、わたしの不適切な言葉や攻撃的なコメント、あるいは、わたしの考え方に反感をもったとしても、その非難はわたしに向けられるものであり、彼らではない。

　そして最後に、C-MASSを読んでくれた心あるボディビルダーと、ボディビルダー志願者たちに感謝したい。こういった情報がもっと欲しいなら、PCCブログへアクセスし、ブラザー＆シスター達に挨拶を。あなたとPCCチームが出会う日が来ることを願っている！

　pccblog.dragondoor.com

エクササイズリスト〈特別付録〉

1 アンイーブン・プルアップ Uneven pullup
水平バーを片手でつかみ、空いている方の手で、バーを握っている方の手首をつかんで行うプルアップ。『プリズナートレーニング』P.166参照。

2 ワンアーム・ハンドスタンド One-arm handstand
片手で行う倒立のこと。

3 ヒューマンフラッグ Human flags
垂直ベースに胸をつけ、ベースに抱きつくようにして体を浮かせるクラッチフラッグと、伸ばした両手で垂直ベースをつかみ、体を水平に押し出すプレスフラッグがある。体の側面にあるラテラルチェーン(広背筋、腹斜筋、肋間筋、大腿外側にある張筋など)を鍛える。『プリズナートレーニング 超絶!!グリップ&関節編』CHAPTER 7～9参照。

4 プランチ Planche
プッシュアップのスタートポジションの状態から脚を地から離して後方に伸ばす技術。腕だけで体を宙に浮かせる。

5 ワンアーム・エルボーレバー One-arm elbow lever
片手で行うエルボーレバーのこと。7参照。

6 ハンドスタンド Handstand
倒立のこと。

7 エルボーレバー Elbow lever
腕を曲げて、おへその両横(腰骨)に肘を突いて支えとし、両脚を上げて体を水平にする技術。

8 ホリゾンタル・プル Horizontal pull
低い水平バーや水平な対象物に手をかけ、体をその下にもぐりこませて行うプルアップ。『プリズナートレーニング』P.156参照。

9 ピストルスクワット Pistol squat
両手を前方に向かって伸ばして行うワンレッグ・スクワットのこと。『プリズナートレーニング』P.132参照。

10 シュリンプスクワット Shrimp squat
一方の足のかかとをつかんで尻に付け、つかんだ側の膝が地に着くまでしゃがみ込むスクワットのこと。本書P.42参照。

11 オーストラリアン・プルアップ Australian pullup
8のホリゾンタル・プルのこと。本書P.69参照。

12 ディップス Dips
体の両側にある平行棒を握るか、ふたつの物体の表面に両手のひらを乗せ、膝を曲げて足を地面から持ち上げる。前腕をできるだけ垂直に保ちながら、肘と肩を曲げて体を下ろしていく。上腕が地面と平行になるまで肘を曲げてから、もとに戻す。繰り返す。

13 マッスルアップ Muscle-up
脚をスイングさせ、弾みをつけてプルアップ(キッピング)することで、水平バーの上に胸部より上を引き上げる。そこからディップスを行って、上半身を水平バー上に持っていく技術。

14 ヒューマンフラッグ Human flags
3参照。

15 ボックス・ジャンプ Box jump
箱の上に跳び上がり、跳び下りるジャンプ。それを繰り返す。『プリズナートレーニング』P.138参照。

16 垂直ジャンプ Vertical jump
直立姿勢から垂直に跳び上がるジャンプのこと。いわゆる垂直跳び。

17 デッド・リープ Dead leap
足を揃えて体を沈み込ませ、前方に向かってできるだけ遠くにジャンプするエクササイズ。着地する時に足を揃える。また、跳躍後に、勢い余って足を踏み出さないようにする。『プリズナートレーニング』P.138参照。

18 タック・ジャンプ Tuck jump
肩幅に足を開いて体を沈み込ませてスクワットし、全身のバネを使って上方に向かって爆発的にジャンプする。ジャンプのピークポイントで膝をできる限り胸に向かって引いて、たくし込む。脚を伸ばして着地する。

19 スプリットジャンプ Split jump
足を揃えて立ち、前方に大きく一歩踏み出す。踏み出した脚の膝を直角に曲げ、もう一方の膝は床近くで直角に曲げる。背骨はまっすぐ保つ。できるだけ高くジャンプし、脚の体勢を空中で切り替え、着地する。その体勢のままジャンプする。動作を繰り返す。

20 ロングジャンプ Long jump
走り幅跳びのこと。

21 ワンレッグ・ジャンプ One-leg jump
片脚立ちになってその場で行うジャンプのこと。

22 ストレート・ブリッジ Straight bridge
床面に座って脚を前に伸ばす。膝をまっすぐにし、足は肩幅に開く。両手のひらを股関節の両サイドに置き、指はつま先方向。手を押し下げ、脚と体幹をまっすぐにする。『プリズナートレーニング』P.228参照。

23 丘スプリント Hill sprints
険しい丘で行うスプリント。『プリズナートレーニング』P.139参照。

24 オーストラリアン・プルアップ Australian pullup
11参照。

※各エクササイズに対する理解を深めるには、併記した英語表記で検索し、画像や動画を参照してください。

25 クローズ・プッシュアップ Close pushup
両手の人差し指を触れ合わせて行うプッシュアップ。『プリズナートレーニング』P.82参照。

26 ディップス Dips
12参照。

**27 タイガーベンド・プッシュアップ
Tiger bend pushup**
スタートポジションは通常のプッシュアップと同じ。そこから体を下ろしていき、床に肘をついて前腕全体を床に触れさせる。これがボトムポジションになる。体を押し上げてスタートポジションに戻る。

**28 タイガーベンド・ハンドスタンド・プッシュアップ
Tiger bend handstand pushup**
倒立の体勢から腕を曲げていき、倒立のまま、両方の前腕を床面に着ける。そこから体を押し上げ、倒立の体勢に戻るプッシュアップ。

**29 ボディウエイト・エクステンションズ
Bodyweight extensions**
肩幅に両足を開き、胸の高さにある水平バーを両手でつかむ。腕をまっすぐにしたまま、体の角度が床面に対しておよそ60度になるよう、両足を後方へずらす。体をまっすぐにしたまま肘を曲げていき、水平バーの下に頭部を潜らせる。腕を伸ばして体を押し戻す。繰り返す。

30 ストレート・ブリッジ Straight bridge
22参照。

31 コリアン・ディップス Korean dips
水平バーを使ったディップスのバリエーション。通常は前向きになって水平バーを握ってディップスを行うが(ホリゾンタルバー・ディップス、本書P.61参照)。コリアン・ディップスは、水平バーを背にして握りディップスを行う。

**32 ニーリング・プッシュアップ
Kneeling pushup**
床面にひざまずき、目の前の床面に両手のひらをつける。一方の足首をもう一方の足首に重ね、頭から膝までを整列させる。この体勢でプッシュアップを行う。『プリズナートレーニング』P.76参照。

**33 グリップ・エクササイズ
Gripping exercises**
ぶら下がって手と前腕にある屈筋を鍛えるハンギングワークと、拮抗筋である伸筋を鍛える指先プッシュアップで構成される。『プリズナートレーニング 超絶!! グリップ&関節編』CHAPTER 2〜6参照。

34 指先プッシュアップ Fingertip pushup
指先(実際は、指の「腹」)で体を支えて行うプッシュアップ。ハンギングワークで鍛えられる屈筋とのバランスを保つことを目的にしている。『プリズナートレーニング 超絶!! グリップ&関節編』CHAPTER 5参照。

35 アイソメトリック Isometric
筋肉の長さを変えずに筋収縮させ、力を出すこと。

**36 ローマンチェア・シットアップ
Roman chair sit-up**
足と大腿部を固定するローマンチェアという器具を使って行うシットアップのこと。普通の椅子を使ってもできる。この場合、シットアップする人が、椅子に横座りになり、その人の大腿部をパートナーが手で固定してシットアップを行う。

37 ツイスト Twist
体をひねることで、回転にかかわる深層筋の柔軟性と筋力を高めるトレーニング。硬くなった体をほぐすリハビリ的効果も期待できる。『プリズナートレーニング 超絶!! グリップ&関節編』CHAPTER 17参照。

38 フラッグ Flags
3のヒューマンフラッグのこと。

**39 インクライン・プッシュアップ
Incline pushup**
股関節までの高さがある対象物の前に立ち、腕を伸ばして対象物をつかむ。体と床面がつくる角度を45度に保って、その体勢でプッシュアップする。『プリズナートレーニング』P.74参照。

40 デクライン・プッシュアップ Decline pushup
手よりも高い位置にある何かの表面に足をかけて行うプッシュアップのこと。『プリズナートレーニング』P.94参照。

41 クラシック・プッシュアップ Classic pushup
フル・プッシュアップのこと。『プリズナートレーニング』P.80参照。

**42 椅子の間でのストレッチ・プッシュアップ
Stretch pushup between chairs**
体の両脇と足元に同じ高さの椅子を置く。両脇にある二つの椅子に各々の手を乗せ、両足を揃えて、足元の椅子に乗せる。この体勢でプッシュアップを行う。通常のプッシュアップより深い位置まで体を沈みこませることができる。

**43 ジャックナイフ・プッシュアップ
Jackknife pushup**
つま先を床面に立て、手のひらを前方の床面に置き、股関節を90度に曲げる(スタートポジション)。腕を曲げて、両手の間にある床面に触れるまで顎を下ろしていき、次に、上方に向かって弧を描くように顎を動かし続ける。腕と脚をまっすぐにし、肩を高く、股関節を低くしてエクササイズを終える。腕をまっすぐに保ったまま尻を上方に押し、スタートポジションに戻る。『プリズナートレーニング』P.97参照。股関節を90度に曲げた体勢をジャックナイフポジションと呼び、広義には、この体勢を含むプッシュアップ全般を指す。

エクササイズリスト〈特別付録〉

44 キャットストレッチ・プッシュアップ Cat stretch pushup
つま先を床面に立て、手のひらを前方の床面に置き、股関節を90度に曲げる（スタートポジション）。肘を曲げて顔を地に近づける。次に臀部を下ろして通常のプッシュアップのボトムポジションと同じ体勢になる。ここから腕をまっすぐ伸ばし、胸を上向きに押してそらす。ここまでの動作を逆に行い、スタートポジションに戻る。45との違いはメリハリをつけることにある。

45 ダイブボンバー・プッシュアップ Dive bomber pushup
43のジャックナイフ・プッシュアップと途中まで同じ動作（股関節を低くしてエクササイズを終えるところ）だが、ここからスタートポジションに戻る時、再度、腕を曲げて負荷をかける。『プリズナートレーニング』P.97参照。

46 ヒンズー・プッシュアップ Hindu pushup
通常のプッシュアップの体勢から臀部を上方に動かす（足先を手方向に移動させ、体で逆V字をつくる）。肘を曲げて胸面を地に近づけながら臀部を下ろす。腕をまっすぐ伸ばし、背中をアーチ状に反らせる。腕を伸ばしたまま、体を最初の逆V字形に戻す。43に似ているが呼吸パターンが独特で、動作もヨガ的な意味をもつ。

47 マルチーズ・プッシュアップ Maltese pushup
股関節の位置から真横に伸ばしたライン上の、体からかなり離れたところに両手を置いて行うプッシュアップ。『プリズナートレーニング』P.99参照。

48 リング・プッシュアップ Ring pushup
肩幅と同程度の間隔を空けて二つの吊り輪をそれぞれ吊るす（吊るす位置が低いほど難度が上がる）。吊り輪を握って両足を後ろに伸ばして、プッシュアップと同じ体勢を取る。ゆっくりと体を下ろしていき、ボトムポジションで一時停止し、ゆっくりと体を上げる。繰り返す。

49 アシンメトリカル・プッシュアップ Asymmetrical pushup
通常のプッシュアップと同じフォームから、一方の腕の肘を床面に着け、胸下を横切るように前腕を位置させる。この体勢でプッシュアップを行う。ワンアーム・プッシュアップの準備エクササイズになる。手を置く位置を非対称にして行うプッシュアップを指すこともある。

50 スパイダー・プッシュアップ Spider pushup
通常のプッシュアップの体勢から、体を下げていく時に、右脚を床面から上げて横に出し、右膝を右肘につける。ボトムポジションから体を上げていく時に、脚を元に戻す。上げる脚を左脚に代えて動作を繰り返す。

51 アーチャー・プッシュアップ Archer pushup
通常のプッシュアップの体勢から、片方の腕をまっすぐ横に伸ばして床面や台の上に置く。その体勢でプッシュアップを行う。

52 トリポッド・プッシュアップ Tripod pushup
通常のプッシュアップの体勢を取る。左足のつま先を右足のかかとに乗せる。この体勢でプッシュアップを行う。次に、右足のつま先を左足のかかとに乗せてプッシュアップする。

53 プリズン・プッシュアップ Prison pushup
マリオン・プッシュアップのこと。87参照。

54 フライ Fly
肩幅と同程度の間隔を空けて二つの吊り輪を吊るす。吊り輪を握って体重を吊り輪にかける。プッシュアップのスタートポジションと同じように、両腕が胸の前にくる。そこから、ゆっくりと体を下ろしながら両腕を横に伸ばしていき、吊り輪間の距離を大きくしていく。ボトムポジションで一時停止。次に、ゆっくりと体を上げながら両腕を胸の前に戻し、吊り輪間の距離を小さくしていく。繰り返す。

55 モンキーバーワーク Monkey bar work
うんていを使って行うトレーニングのこと。

56 サイドスウィング Side-swing
水平バーにぶら下がり、体を左右に揺らすエクササイズ。

57 ハンググリップ Hang grip
水平バーにぶら下がって手と前腕を漸進的に鍛えるエクササイズのこと。『プリズナートレーニング超絶!!グリップ&関節編』CHAPTER 2～6参照。

58 ウォール・ハンドスタンド Wall handstand
壁に足を着けて行う倒立のこと。

59 フリーハンドスタンド Free handstand
壁などの支えに頼らずに行う倒立のこと。

60 非対称ハンドスタンド Asymmetrical handstand
手、腕、脚の位置やかたち、体幹などを左右非対称にして行う倒立のこと。

61 ワンアーム・ハンドスタンド One-arm handstand
腕一本で行う倒立のこと。

62 ハンドバランシング Hand-balancing
倒立になり、様々なポーズを取る技術。

63 ホリゾンタル・プル Horizontal pull
8参照。

64 フロントレバー Front lever
両手を使って水平バーにぶら下がり、空に向かって頭からつま先までを地面と平行に保つ技術。

65 バックレバー Back lever
両手を使って水平バーにぶら下がり、地に向かっ

て頭からつま先までを地面と平行に保つ技術。

66 丘スプリント Hill sprint
23 参照。

**67 プライオメトリック・ジャンプ
Plyometric jump**
ボックス・ジャンプやデッド・リープなど、爆発的に行うジャンプの総称。瞬発力を養う。

68 ボックス・ジャンプ Box jump
15 参照。

69 デッド・リープ Dead leap
17 参照。

70 タック・ジャンプ Tuck jump
18 参照。

71 ハンドスタンド Handstand
6 参照。

72 ヘッドスタンド Headstand
後頭部に手を添え、両方の前腕を地に着けて行う倒立のこと。上級者になると、頭だけで倒立する。

73 レスラーブリッジ Wrestler's bridge
ネックブリッジの一種。『プリズナートレーニング超絶!!グリップ&関節編』CHAPTER 10 参照。

74 ウォール・プッシュアップ Wall pushup
手のひらを壁表面に置いて行うプッシュアップのこと。『プリズナートレーニング』P.72 参照。

**75 ワンアーム・プッシュアップ
One arm pushup**
片腕だけで行うプッシュアップのこと。『プリズナートレーニング』P.90 参照。

**76 オーストラリアン・プルアップ
Australian pullup**
11 参照。

**77 ジャックナイフ・プルアップ
Jackknife pullup**
水平バーの前に椅子や台などを置き、そこにかかとをかけて行うプルアップのこと。『プリズナートレーニング』P.158 参照。

78 ゲッコー・ブリッジ Gecko bridges
通常のブリッジを保った状態で、片方の手と、その対角線上にある足を持ち上げ、その手足を水平に保つ。この姿勢を保った後、上げていた手足を下ろしてブリッジ・ホールドに戻る。体を支えていた手足を替えて同じ動作を行う。

79 フロントレバー Front lever
64 参照。

80 指先プッシュアップ Fingertip pushup
34 参照。

81 レスラーブリッジ Wrestler's bridge
73 参照。

82 フロントブリッジ Front bridge
ネックブリッジの一種。『プリズナートレーニング超絶!!グリップ&関節編』CHAPTER 10 参照。

**83 デクライン・プッシュアップ
Decline pushup**
40 参照。

84 パイク・プッシュアップ Pike pushup
ここでは、ジャックナイフポジションを保ったまま行うプッシュアップのうち、足を地につけて行うものを指している。

**85 (膝の高さで行う)
ローベース・ジャックナイフ・プッシュアップ
Low base (knee height) jackknife pushup**
ここでは、ジャックナイフポジションを保ったまま行うプッシュアップを指している。

**86 (股関節/上肢の高さで行う)
ジャックナイフ・プッシュアップ
Jackknife (hip/upper thigh height) pushup**
ここでは、ジャックナイフポジションを保ったまま行うプッシュアップを指している。

87 マリオン・プッシュアップ Marion pushup
ハンドスタンド・プッシュアップをマスターするための漸進的エクササイズ。たとえば、床面で50レップスのプッシュアップを行い、次に、足を少し高い位置（ベッドなど）にかけて40レップスのプッシュアップを行う。このように、足を少しずつ高い位置にかけてプッシュアップするが、反比例的にレップス数は減らしていくことで、ハンドスタンド・プッシュアップ10レップスを目指す。『プリズナートレーニング』P.286 参照。

88 ディップス Dips
12 参照。

**89 ストレートバー・ディップス
Straight bar dips**
水平バーを使って行うディップスのこと。ホリゾンタルバー・ディップスともいう。本書 P.61 参照。

90 ラテラル・レイズ Lateral raise
各々の手にダンベルを持つ。腕を伸ばしたまま体の横を通って肩の位置までダンベルを挙げるエクササイズ。

91 キッピング・プルアップ Kipping pullup
体をスイングさせて行うプルアップのこと。

92 マッスルアップ Muscle-up
13 参照。

93 ピストルスクワット Pistol squat
9 参照。

エクササイズリスト〈特別付録〉

94 ロールオーバー Rollover
床面で行うレッグレイズと同じように、仰向けになって両脚を揃えて上げていく。足が垂直になったら腰を上げて足を頭上に移動させ、頭の上にある床面につま先を触れさせる。そこから逆の動作を行って、スタートポジションに戻る。

95 フリーハンドスタンド Free handstand
59参照。

96 Lホールド L-hold
床面に座って脚をまっすぐ前にロックし、腕を体の両サイドに置く。強く床面を手で押し、尻と脚を床面から完全に離す。脚は体幹に対して完全な直角を保つ。漸進的なトレーニング法は、『プリズナートレーニング 超絶‼ グリップ＆関節編』CHAPTER 16参照。

97 ハンギング・レバー（前、後ろ）Front and rear hanging levers
64、65参照。

98 エルボーレバー Elbow lever
7参照。

99 プランチ Planche
4参照。

100 フロッグホールド Frog hold
両方の膝を離して臀部を下ろしてしゃがむ。ほぼ肩幅に広げた手のひらを目の前の床の上に位置させる。前方に体を傾け、肘の外側に膝を置き、足を上げてバランスを取る。クロウ・スタンドともいう。『プリズナートレーニング』P.266参照。

101 ヒューマンフラッグ Human flags
3参照。

102 ハンギングワーク Hanging work
プルアップ、レッグレイズなど、水平バーにぶら下がってやるエクササイズの総称。

103 フィンガーホールド Finger hold
指だけを使って水平バーからぶら下がるエクササイズ。『プリズナートレーニング 超絶‼ グリップ＆関節編』P.60参照。

104 指先プッシュアップ Fingertip pushup
34参照。

105 タオル・ハング Towel hang
頭上にあるバーにタオルをかけてぶら下がるトレーニング。手と前腕を鍛える。『プリズナートレーニング 超絶‼ グリップ＆関節編』P.53参照。

106 ロールオーバー Rollover
94参照。

107 Lホールド L-hold
96参照。

108 プランク Plank
両前腕と両足のつま先で体重を支え、体幹をまっすぐ伸ばして静止するエクササイズ。

109 レバー Levers
7エルボーレバー、64フロントレバー、65バックレバーなどがある。

110 ツイスト Twist
37参照。

111 フラッグ Flags
3のヒューマンフラッグのこと。

112 ヒューマンフラッグ Human flags
3参照。

113 アシステッド・ワンアーム・プルアップ Assisted one arm pullup
水平バーにタオルをかけた後、ジャンプして片方の手でバーをつかむ。空いている方の手で、タオルをできるだけ低い位置でつかむ。バーを握っている方の腕を曲げてプルアップを行うが、肘が直角になるまでは、タオルを引っ張って助けとし、そこから先はタオルを離して体を引き上げる。詳しくは『プリズナートレーニング』P.170参照。

114 クローズ・プルアップ Close pullup
ジャンプしてオーバーハンドでバーをつかむが、この時、グリップを隣り合わせに位置させる。この状態でプルアップを行う。詳しくは『プリズナートレーニング』P.164参照。

115 クラッピング・プッシュアップ Clapping pushup
通常のプッシュアップと同じスタートポジション。体を沈ませていき、ボトムポジションに来たら一時停止し、そこから爆発的に体を跳ね上げ、空中で拍手する。素早く手をついてスタートポジションに戻る。

116 フリップ Flip
前方宙返りのこと。

A ブレス・コントロール Breath control
ストロングマンの一人、ジョージ・F・ジョウェットのコントロール法。床面と平行に両腕を前に出し、息を吸い込みつつ両腕を上に開きながら横に伸ばす。そのまま後ろに伸ばす。つま先を上げて、さらに胸を拡張する。両腕をスタートポジションに戻しながら息を吐いていき、最後まで吐ききる。これを10回以上繰り返す。

ポール・ウェイド　PAUL "COACH" WADE

元囚人にして、すべての自重筋トレの源流にあるキャリステニクス研究の第一人者。1979年にサン・クエンティン州立刑務所に収監され、その後の23年間のうちの19年間を、アンゴラ(別名ザ・ファーム)やマリオン(ザ・ヘルホール)など、アメリカでもっともタフな監獄の中で暮らす。

監獄でサバイブするため、肉体を極限まで強靭にするキャリステニクスを研究・実践、"コンビクト・コンディショニング・システム"として体系化。監獄内でエントレナドール(スペイン語で"コーチ"を意味する)と呼ばれるまでになる。

『圧倒的な強さを手に入れる究極の自重筋トレ プリズナートレーニング』『永遠の強さを手に入れる最凶の自重筋トレ プリズナートレーニング 超絶!!グリップ&関節編』(ともにCCCメディアハウス)は日米で自重筋トレの世界のバイブルになっているが、その素顔は謎に包まれている。

山田雅久　やまだ・まさひさ

医療ジャーナリスト、翻訳家。主な著書に『脳を老化させない食べ物』(主婦と生活社)、訳書に『脳を最適化する ブレインフィットネス完全ガイド』『圧倒的な強さを手に入れる究極の自重筋トレ プリズナートレーニング』『永遠の強さを手に入れる最凶の自重筋トレ プリズナートレーニング 超絶!!グリップ&関節編』(すべてCCCメディアハウス)、『フォックス先生の猫マッサージ』(洋泉社)などがある。

カバーイラスト　©板垣 恵介(秋田書店)／バキ製作委員会
カバーデザイン　渡邊 民人(TYPEFACE)
本文デザイン　清水 真理子(TYPEFACE)
校閲　円水社
編集　山崎 みお

プリズナートレーニング外伝
監獄式ボディビルディング

2019年3月5日 初版発行

著　者　　ポール・ウェイド

訳　者　　山田雅久

発行者　　小林圭太

発行所　　株式会社CCCメディアハウス
　　　　　〒141-8205　東京都品川区上大崎3丁目1番1号
　　　　　電話　03-5436-5721（販売）
　　　　　　　　03-5436-5735（編集）
　　　　　http://books.cccmh.co.jp

印刷・製本　　豊国印刷株式会社

©Masahisa Yamada, 2019 Printed in Japan
ISBN978-4-484-19103-4
落丁・乱丁本はお取り替えいたします。
無断複写・転載を禁じます。